中国文化
经纬

华夏文明的起源

田昌五 著

中国书籍出版社
China Book Press

图书在版编目（CIP）数据

华夏文明的起源 / 田昌五著. — 北京：中国书籍出版社，2014.11
ISBN 978-7-5068-4548-9

Ⅰ.①华… Ⅱ.①田… Ⅲ.①中国历史-上古史-研究
Ⅳ.①K210.7

中国版本图书馆CIP数据核字(2014)第246878号

华夏文明的起源

田昌五　著

责任编辑	卢安然　赵丽君
责任印制	孙马飞　马　芝
封面设计	汉石美迪
出版发行	中国书籍出版社
地　　址	北京市丰台区三路居路97号（邮编：100073）
电　　话	（010）52257143（总编室）　　（010）52257140（发行部）
电子邮箱	chinabp@vip.sina.com
经　　销	全国新华书店
印　　刷	三河顺兴印务有限公司
开　　本	635毫米×970毫米　1/16
字　　数	110千字
印　　张	13.75
版　　次	2015年10月第1版　2015年10月第1次印刷
书　　号	978-7-5068-4548-9
定　　价	35.00元

版权所有　翻印必究

《中国文化经纬》系列丛书
编委会

顾问　汤一介　杨　辛　李学勤　庞　朴
　　　　王　尧　余敦康　孙长江　乐黛云
主编　王守常
编委（按姓氏笔画为序）
　　　　王　平　王小甫　王守常　邓小楠
　　　　乐黛云　江　力　刘　东　许抗生
　　　　朱良志　孙尚扬　李中华　陈平原
　　　　陈　来　林梅村　徐天进　魏常海

总　序

二十世纪三十年代，陈寅恪先生在冯友兰《中国哲学史》下册的《审查报告》中说："窃疑中国自今日以后，即使能忠实输入北美或东欧之思想，其结局当亦等于玄奘唯识之学，在吾国思想史上既不能居最高之地位，且亦终归于歇绝者。其真能于思想上自成系统，有所创获者，必须一方面吸收输入外来之学说，一方面不忘本来民族之地位。此二种相反而适相成之态度，乃道教之真精神，新儒家之旧途径，而二千年吾民族与他民族思想接触史之所昭示者也。"今天读陈先生的话，感慨良多。先生所言之义：佛教传入中国，其教义与中国思想观念制度无一不相冲突。然印度佛教在近千年的传播过程中不断调适，亦经国人改造接受，终成中国之佛教。这足以告知我们外来思想与中国本土思想能够融合、始相反终相成之原因，在于"必须一方面吸收输入外来之学说，一方面不忘本来民族之地位"。这就是我们经常讲的,当下中国文化必须"返本开新"。如有其例外者,则是"忠实输入不改本来面目者,若玄奘唯识之学,虽震荡一时之人心,而卒归于消沉歇绝"。

我以为近代中国落后于西方,不应简单视为文化落后,而是二千多年的农业文明在十八世纪已经无法比肩欧洲工业文明之生产效率与市场资源的合理配置,由此社会政治、国家管理制度也纰漏丛生。由是而观当下之中国,体制改革刻不容缓,而从五四时代以来的文化批判也需深刻反思。启蒙运动对传统文化的批评固然有时代需求,未经理性拷问的传统文化无法随时代而重生。但"五四运动"的先贤们也犯了"理性科学的傲慢",他们认为旧的都是糟粕,新的都是精华,以二元对立的思考将传统与现代对峙而观,无视传统文化在代际之间促成了代与代的连续性与同一性,从而形成了一个社会再创造自己的文化基因。美国学者席尔思写了一部书《论传统》,他说:传统是围绕人类的不同活动领域而形成的代代相传的行为方式,是一种对社会行为具有规范作用和道德感召力的文化力量,同时也是人

总序

类在历史长河中的创造性想象的沉淀。因而一个社会不可能完全排除其传统，不可能一切从头开始或完全取而代之以新的传统，而只能在旧传统的基础上对其进行创造性的改造。此言至矣！传统与现代不应仅在时间序列上划分，在文化传承上可理解为"传统"是江河之源，而"现代"则是江河之流。"现代"对"传统"的理性诠释，使"传统"在"现代"得以重生。由此，以"同情的敬意"理解自己民族的文化传统是当下中国的应有之义，任何历史文化的虚无主义都要彻底摒弃。从"五四"先行者到今天的一些名士，他们对传统文化进行激烈批判，却也无法摆脱传统文化对自己的思维方式和价值观念的影响。这样的事实岂可漠视。

这套《中国文化经纬》丛书是在1993年刊行的《神州文化集成》丛书的基础上重新选目、修订而成。自那时到今天，持续多年的"文化热"、"国学热"，昭示着国人对自己民族文化的认同还处在进行时。文化决定了一个民族的性格，民族性格决定了一个民族的命运。中国文化书院成立至今已有30年了，书院同仁矢志不移地秉承着"让世界文化走进中国,让中国文化走向世界"之宗旨,不负时代的责任与担当。此次与中国书籍出版社合作出版这套丛书,期盼能在民族文化的自觉、自信、自强上有新的贡献。

王守常

2014 年 12 月 8 日

于北京大学治贝子园

目 录

总序……………………………………………………… 1

第一章　探讨华夏文明起源中的问题……………………… 1
　　第一节　中国古代的野蛮与文明………………………… 1
　　第二节　历史学与考古学………………………………… 8
　　第三节　关于华夏文明…………………………………… 15

第二章　华夏文明的前奏曲………………………………… 21
　　第一节　在浑沌初开时的神话战争……………………… 21
　　第二节　考古学提供的信息……………………………… 44

第三章　华夏文明的诞生…………………………………… 63
　　第一节　在天地断裂中横空出世………………………… 63
　　第二节　考古学的反馈…………………………………… 77
　　第三节　华夏文明的诞生………………………………… 98

1

第四章 万邦并存唐虞兴 118
　第一节 关于尧舜禹的传说 118
　第二节 万国并存唐虞兴 131
　第三节 中国早期文明的再发现 161

第五章 统一的华夏文明的形成 185
　第一节 夏文化的源流 186
　第二节 统一的华夏文化的形成 199

出版后记 205

第一章　探讨华夏文明起源中的问题

第一节　中国古代的野蛮与文明

古代的野蛮并不是粗野，而是原始的意思。所谓野蛮社会，指的是原始社会，而文明社会则指继原始社会而来的阶级社会。原始社会，即原始共产主义社会。从这种意义上说，原始社会倒是颇为文明的，而阶级社会则是野蛮的。但是，只有到了阶级社会，才有脑力劳动和体力劳动的社会分工，才谈得上科学技术、文化教育、政治的和法律的上层建筑以及社会意识形态。从这种意义上说，阶级社会才真正是文明的。

当然，原始社会也有文化，例如打制石器、用火、制造渔猎工具等等，这都是文化。纺织缝纫、烧制陶器，这更是文化。原始人还有自己的宗教活动、绘画艺术等等。但是，原始社会在其发达时期也不过有两种生产：即物质生活资料的生产和人本身的生产；还有一种生产，即精神生产，尽管有所萌芽，却是极度贫乏的。所以，原始社会就谈不到政治上层建筑以及社会意识形态之类的精神文明。有的人不明于此，将原始文化混同于文明，这是有违于马克思主义的。如然，野蛮与文明就没有什么界限，茹毛饮血也可说是文明了。

从原始共产主义社会，经过阶级社会到达高级共产主义社会，这是人类社会发展的必然规律。但只有经过阶级社会才能到达高级共产主义社会，这也是不以人的主观意志为转移的。因为，高级共产主义社会不仅是有高度的物质文明的社会，而且是有高度的精神文明的社会。这两者都是经过阶级社会创造出来的。所以说，阶级社会不管阶级压迫和剥削如何残酷，比起原始社会来说都是巨大的进步。没有阶级社会，就没有社会主义和共产主义。我们应该懂得这条道理，用义愤推进科学，是不行的。

分清野蛮与文明的界限，是解决华夏文明起源问题的必要的前提。有规矩才能成方圆。没有规矩，此亦一是非，彼亦一是非，问题是永远解决不了的。只是这里所说的规矩是一种科学的抽象和规定性而已，而科学的抽象和规定性是根据野蛮与文明的本质特征得出来的。我们不能随心所欲，改变马克思主义关于野蛮与文明的科学范畴。

第一章　探讨华夏文明起源中的问题

　　但是，划清野蛮与文明的界限，是不是一切问题都可以迎刃而解了呢？曰：未也。因为世界历史上的文明起源固然有其一般的特征和规律，但就每个民族和国家来说，还有各自的具体特点和规律。这就是说，既有共性，又有个性，而共性是寓于个性之中的。恩格斯在《家庭、私有制和国家的起源》一书的最后一章中，论述了古希腊人、罗马人和后来的德意志人的国家形成途径，它们就是各不相同的。古希腊人、罗马人和德意志人相互之间有密切的联系，其国家形成的途径尚且如此不同；华夏文明形成于欧洲古代之前，而且彼此之间缺乏任何相应的联系，就更应该有自己的特点和规律了。可惜，不少人将欧洲古代国家，甚至以古希腊国家形成的途径作为人类文明起源的共同规律，好像这就是马克思主义观点了。实际上，这种简易的贴标签的做法，不仅不能解决任何问题，和马克思主义也是毫不相干的。说不相干，就在于它缺乏马克思主义的精神和生命力。我们的问题，在于运用马克思主义的方法和观点，找出华夏文明起源的具体途径和表现形态。搬用古希腊文明起源的途径和形成当然不能解决问题了。

　　这样说来，人类文明起源还有没有共同规律或者说共性呢？当然是有的。如果没有共同规律，历史科学也就无从谈起了。具体地说，各种社会分工，尤其是农业和手工业的分工以及与之相应的商品交换，就是文明起源所共有的。而体力劳动和脑力劳动的分工，更是文明起源所必不可少的。阶级是由分工产生的。没有体力劳动和脑力劳动的分工，还谈什么文明呢？这些道理，我国两千多年以前的孟子就谈到过了，如："子不通功易事，以羡补不足，则农有余粟，女有余布。子如通之，则梓匠轮舆皆得食于子。"[1] 又说："且一人之身，而百工之所为备。如必自为而后用之，是率天下而路也。故曰：或劳心，或劳力；劳心者治人，劳力者治于人；治于人者食人，治人者食于人，天下之通义也。"[2] 这段话过去是作为反动言论批判的，其实孟子在这里说出了朴素的真理。一个人除吃的外，用的要由百工提供，如果都要自己干，只能引导社会走向贫困。这里讲的社会分工的道理，有什么不对呢？他还批评了布、帛长短相同一个价，麻缕、丝絮轻重相同一个价，五谷多少相同一个价，鞋子大小相同一个价，总之是不管品种和质量，只要是同类的东西就一个价，认为这会引起社会混乱的。至于说劳心者治人，劳力者治于人，历史地看也是

---

[1] 《孟子·滕文公下》。
[2] 《孟子·滕文公上》。

对的,何况他所讲的是尧舜时代那种理想政治呢!就是到了今天,脑力劳动和体力劳动的分工也只能从对立的关系改变为相互结合的关系,要消灭这种分工是进入高级共产主义社会以后的事。人为地消灭这种分工,只会导致社会贫困和落后,是不可能走向共产主义的。

恩格斯在谈到文明起源时,正是从社会分工开始的。按他排列的程序:第一步是游牧部落从其余的野蛮人中分离出来,第二步是农业和畜牧业的分工,第三步是农业和手工业的分工。由分工引起商品交换,产生了商业和商人,结果就出现了私有制,特别是土地私有制。在私有制的基础上,必然产生贫富分化,产生阶级和国家。现在看来,这种社会分工的发展程序未必确当,但作为社会分工的原理,是不能否定的。之所以说未必确当,是因为就现在已知的情况,世界上古老的文明都是从农业革命开始的,而农业和畜牧业的社会大分工多半存在于游牧民族和农业民族之间;同时,游牧民族也不是不能进入文明社会的,尽管在世界历史进程中,其时间要晚一些。但是,农业与手工业之间的社会分工,特别是脑力劳动和体力劳动之间的分工,则是不可或缺的。所谓阶级是由分工产生的,实际上是说阶级也是一种社会分工。即统治者专门从事脑力劳动,而被统治者则从事体力劳动。

所以，这种分工的最简单不过的形式，就是奴隶制。因为，奴隶不过是像牛马一样的生产器具，他们没有参与国家大事的任何权利，和脑力劳动是绝缘的。

马克思和恩格斯在探讨文明起源问题时，都受到过傅立叶的影响。傅立叶认为，一夫一妻制和土地私有制，是文明时代的两大特征。他们就是据此探讨文明起源的。恩格斯执行马克思的遗言，撰成《家庭、私有制和国家的起源》一书。其中的家庭即指现代家庭，私有制和国家也是一样。这三者是怎样起源的，文明也就是怎样起源的。傅立叶还认为，现代家庭在萌芽时，不仅包含着奴隶制，而且包含着农奴制。所以，最早的家庭以缩影的形式包含着随之而来的阶级社会的一系列对抗。他说妇女的解放是社会解放的天然尺度，就是据此提出来的。这就是说，只有妇女彻底摆脱掉屈辱和无权的地位，人类才能真正地从阶级对抗的狭谷中走出来，进入共产主义社会。

在《家庭、私有制和国家的起源》中，我们到处都可以看到这种影响。不仅如此，马克思早年还接受过一种传统的说法，即氏族和部落是由家庭或家族发展而成的，后来他们把这二者颠倒了过来，认为家庭和家族是从氏族和部落发展而来的。在探讨这些问题时，他们的某些具体论述未必恰当，但总的精神是无可非议的。例如，在社会分工不发达、土地私有制尚未出现以前就进入阶级社会的民族和国家，这里的阶级是如何产生的呢？他们认为，这里的统治阶级是由为人民服务的公仆转化而成的，转化的具体方式是分配不公，即阶级是由分配产生的。再如，在氏族和一夫一妻制家庭之间还存在过父系大家族，这也是后来才发现的。所以，他们的某些具体论述是可以讨论的，而从家庭入手探讨文明起源，研究最初的家庭形态，是不容否定的。事实上，现在的研究结果表明：文明社会几乎到处都是从父权家族开始的。我们探讨华夏文明的起源，也必须抓住这个基本点，找出中国古代的家族形态、社会分工方式、阶级结构和国家形态；机械地搬运他们的论点，或者满足于否定他们的某些论点，都是不科学的。

　　从家族形态、社会分工、阶级结构和国家形态来看华夏文明的起源，我们就不难得出结论：从家庭到宗族，是中国古代社会的一条脊梁。在氏族分解为家族，特别是母系家族转变为父系家族之后，就出现了这样的情况：若干家庭构成一个家族，若干家族构成一个宗族。每个宗族都是一个国家，土地是归宗族国家所有的。如果有多支同姓宗族，或多支异姓宗族的联盟，就会出现宗族国家联合体。灭亡了的宗族就会成为奴隶，至多是为人臣属。当然，奴隶也有零星俘虏来的，他们的命运更为悲惨，其地位低于族奴。奴隶有分属于家庭和家族的，但更多的则属于宗族，以宗室、公室、王室的形态而存在。这种奴隶制形态类似于西亚古代和古埃及的神庙奴隶制经济，是另一种发达的奴隶制形态。因为在其内部存在多种生产部门，尤其是各种手工业和牧业。政权和族权是合而为一的，宗主就是君主。职官地位低下，一般是君主的管家和管事。他们的职业是世袭的。这样，整个社会的分工就带有家族和宗族分工的特点。即拥有国家政权的宗族成为统治宗族，由其宗族的贵族执政；有的宗族则成为奴隶，或在宗室中从事奴隶劳动；而有的宗族或家族则世袭其职官，为人臣僚，亦即官僚或臣正。这些，就是华夏文明形成和发展的特点和规律。

第二节 历史学与考古学

历史学和考古学是既有区别又有联系的学科。区别之一是：历史学科研究的通常是人类的文明史，有时则称为成文历史或有文字可考的历史，而文明史实即阶级社会和阶级斗争的历史。所以，在《共产党宣言》中说："到目前为止的一切社会的历史都是阶级斗争的历史。"后来，恩格斯加注说明，这是指有文字可考的历史。毛泽东则说："阶级斗争，一些阶级胜利了，一些阶级消灭了，这就是历史，这就是几千年的文明史。"① 马克思主义所说的历史就限于阶级和阶级斗争史，亦即文明社会的历史。这样的历史在欧洲可以追溯到古希腊的英雄时代，在中国则可追溯到古史的传说时代。再往上溯，就不属于历史学的范畴了。有时我们也称文明社会出现以前的历史为史前史，即成文历史以前的历史，但这种说法比较笼统，难以成为定论。

考古学不仅要对文明社会的历史遗迹、遗物和各种历史遗存进行研究，而且要对史前的人类文化进行研究，包括人类起源和形成的历史。不过，这段漫长的历史严格说来应属于人类学的范畴，至多不过是将其分为两个阶段，即：人类起源与形成阶段和原始社会阶段而已。这段时间大约有三百万年，远远超出人类的文明史。从这种意义上说，考古学的研究范围是远远超出历史学的。

当然，这不是说人类在进入文明社会之前就没有历史可言了。马克思和恩格斯曾经说过："我们仅仅知道一门唯一

---

① 《毛泽东选集》第四卷，第一四二四页。

的科学，即历史科学。历史可以从两方面来考察，可以把它划分为自然史和人类史。"① 各种自然科学属于自然史，各种社会科学属于人类史。可以说，这是广义上的历史科学，其中包括自然科学和社会科学。但是，作为历史学科，就不能包括自然科学，而且它只能是社会科学中的一个学科。历史学科也研究文明社会出现以前的人类史，不过不是作为人类社会的历史进行研究，而是作为从猿到人的进化史来研究的。这不是说那时没有人类社会，有了人类就应该有人类社会，但在从猿到人的转变过程中，人们的社会较之猿类也不会有太大的实质性的差别。以往我们称此种社会为"原始群"，并不怎么确切，因为它不能表明那时的人类社会的特征。依我看，那时的社会实应取名为"类猿社会"。这就是说，那时的人类社会和猿类社会有相似之处，而和后来的人类社会是有根本性的差别的。人类从猿类中分离出来，其社会就不能不带有猿类社会的特征，就是在人类有意识地从自然界谋取生活资料之后，他（她）们也不会立即有意识地改变自己的社会结构。所以，在很长很长的时期内，人类社会只能是类猿社会。他（她）们和猿类的区别只在于能制造工具，利用自己的工具

---

① 《马克思恩格斯全集》第三卷，第二〇页。

第一章 探讨华夏文明起源中的问题

谋取生活资料，因而在体质上同其他猿类有本质区别。

人类有自己特定的社会，即不同于任何动物社会的社会，是在进入原始共产主义社会之后。这就是我们通常所说的原始社会。所谓史前史，也不过是就此而言的。原始社会是以财产公有为基础的社会，公有制的基本单位是氏族，所以也称氏族社会。文明社会是在氏族解体为家族后形成的，因而氏族社会的历史就构成文明史的前史。

就文明社会以前的人类社会而言，考古学的研究范围是远远超出于历史学的，但就人类社会真正形成以后的历史而言，考古学的研究范围又是狭窄的。因为，考古学研究的主要是社会的物质文化；而在我国，考古学又被规定为器物形态学和地层学，其局限性就更大了。所谓器物形态，实际上是就陶器而言的，或者说主要是指陶器；而地层学充其量也不过是文化年代学罢了。器物形态当然能够反映出不同时代的不同文化风貌，但却很难反映出不同时代的社会形态，特别是各种社会的内部结构。何况，同一类社会形态，例如氏族社会，由于种种原因，是会有不同的器物形态和物质文化风貌的。

相对而言，历史学的研究范围就宽广得多了。因为历史学研究的是人们的社会结构和整个社会形态，是各种社会形态的演变和递禅的过程。所以，历史学是可以包涵考古学的内容的，而考古学则不能涵盖历史学。这就是考古学在涉及到社会历史问题时容易出现主观性和随意性的原因。要避免这种现象，只有将考古学归属于历史学，将考古文化归结为一定社会集团的文化。这样，物质文化就同样是由人创造的文化了。人们自己创造自己的历史，自然是要创造自己的历史文化的。我们应当将物归其主，归属于历史的主人和创造者。这样，考古学的科学性才有保证，才能成为科学的考古学，而获得其应有的生命力。

　　明白了这一点，对解决文明起源问题，不是没有意义的。迄今为止，考古学对文明起源的标准大都是就物质文化提出来的，很少涉及到社会结构的演进。例如，有的偏重于文字和成文历史的出现，有的则以文字、金属器和城市三者的出现为标准。这些，看起来是相当科学的，但实际上是很难把握的。拿文字来说，这当然是人类的一大创造，可是真正发明文字的民族却屈指可数，大多数民族的文字是借助于其先行者的文字创制的。而且，有了文字，不见得很快就有成文历史。成文历史往往是在文字被发明出来以后很久才出现的。再说，世界上有不少民族在进入文明社会之后，仍然是没有文字的。如此等等，我们怎能以文字作为文明起源的标准呢？

第一章 探讨华夏文明起源中的问题

铜器和文明起源也有错前错后的情况。即有了铜器，甚至青铜器，而尚未进入文明社会，或者进入文明社会而尚无铜器。而且，有的民族是伴随铁器的出现进入文明社会的。如拘泥于这一点，问题就更难解决了。当然，文明社会和铜器是相应地先后产生的，但要对号入座就困难了。何况，青铜可作锋利的工具和武器，而不能完全排挤掉石器呢！至于说到城市，也有类似的情况。一般说来，最早出现的国家都是城市国家，但有城市并不见得就一定有国家，早期国家也不是都有城市的。所以，文明起源问题必须由历史学来解决，而且只有历史学才能真正解决这个问题。其标准就是父权家族的出现。而在中国古代，不止有家族，还有宗族。只要是发现了这种宗族社会集团，不管其有无文字、铜器和城市，它已开始进入文明社会了。

人类社会诞生之后，在相当长的时期内是以血缘集团存在的。这种集团的发展次第大体为：原生血缘集团，其内部关系和高级类人猿如黑猩猩，是比较接近的；接着是亚血缘集团，其内部当已排除了父母与子女之间的婚配关系，氏族大概是在这时期开始形成的；再次是氏族集团，其内部不仅排除了父母与子女之间的婚配关系，而且应已排除了同胞兄弟姊妹之间的关系；最后是在氏族内部分解为家族集团，进而每个家族再分解为若干家庭，从而转入文明社会。氏族和家族多半为母系，但也不排除有父系的，而家族分解为家庭之后，或者说由家庭组成的家族，一般则是父系的。当然也有例外，有的氏族在进入文明社会之后，仍然保持母系家族。不过，在家族分解为家庭之后开始进入文明社会，则是文明起源时的共同现象。中国古代文明起源的特点，只在于家族还组成为宗族而已。

最后再说一下，人类文明起源有其共同的规律。恩格斯在《反杜林论》中提到的文明起源的两种途径，是在他没有发现家族之前说的。按他和马克思对东方社会的理解：最初是农村公社、土地国有和专制君主三位一体，后来他们发现了农村公社之前存在过氏族公社，但还不知道二者之间是有家族的。所以，他在论述西方文明起源时，是从氏族分解为家庭开始的。而对东方文明起源，则认为是从氏族公社转变为农村公社之后开始的。故而将其设想为农村公社之间的冲突和联合，需要扩大管理机构，管理人员利用自己手中的权力转变为统治者，奴役众多的村社成员。但最后他不仅发现西方古代存在过大家族和父权家族，东方也不例外。这样，从父权家族开始进入文明社会，就是人类文明起源的共同规律了。

第三节　关于华夏文明

在探讨华夏文明起源问题时，还有一个必须解决的问题，即何为华夏文明？这个问题好像是不说自明，用不着讨论。实则不然。当前讨论中的不少分歧意见，有一些就是从这里产生的。例如，中国文明起源是多元的，还是一元的呢？如不弄清什么是华夏文明，这类分歧就是无法解决的。

要确定华夏文明的含义，首先应明确"华夏"一词的含义。从历史的角度来说，所谓华夏，既非民族部落概念，又非宗族国家概念，也非朝代概念，它是一个民族概念。其所指乃汉族的前身华夏族。华夏文明就是华夏族的文明，亦即中华民族的古代文明。

民族不是从来就有的，也不是一成不变的。一般说来，民族这种社会共同体是随着阶级社会的出现而产生的。原始社会的基本结构是氏族，由氏族结合成部落，是氏族社会所能达到的极限。超出部落的社会结构就开始向民族转变了。这当然不是说，部落制完全解体之后才能形成为民族，历史上有不少民族在进入文明社会之后仍然保留着部落制。不过，这样的民族共同体是超越其部落界限的。它们不是部落共同体，而是保留着部落社会结构的民族共同体。因为，这种部落已不是由氏族所构成，而是由家庭和家族构成的。它们相互之间也不是彼此互异的共同体，而是具有民族共性的部落体制了。

这种情况说明，民族不是在一朝一夕就能形成的。开初它总要保留着部落制的外壳，以非亲族地区性部落联盟的形式而出现。所谓非亲族地区性部落联盟，即中国古代的异姓同盟。这种异姓同盟，有些在渊源上是有亲族关系的，有些则从无血统上的关系；它们，特别是后者，就是最初的民族形态。作为民族，在血统上都是杂种，纯种的民族是很少有的。因为，只有血统上互异的部落结成的联盟，最后才能摆脱部落制的外壳，形成民族共同体。

华夏族的形成也走着同一途径。例如，夏族是由姒姓、允姓等古羌人和一部分颛顼族的苗裔构成的，而颛顼部主要的则来自夷人。商族是由夷人的一支和有戎氏构成的。周族是由姬姓之戎和羌人构成的。如此等等，很少例外。可以说，华夏族就是这样形成的。古代的所谓万国，也不过是部落万余。中国文化经纬由万国而三千余国，由三千余国而千余国，由千余国而十余国，由十余国而大一统。无数次的友好结盟，无数次的武力兼并，最后终于形成了一个民族，这就是华夏族。

华夏族形成于中原地区，但并非完全是由原居于中原地区的氏族部落演化而成的。在华夏族形成的过程中，有原居于中原地区的民族部落迁往四方的，也有居于四方的氏族部落迁入中原的。中原地区之所以能形成华夏族，就在于它是五方杂处之地。各方的氏族部落在此汇合，不能不发生接触，不能不发生冲突，不能不发生交往，结果就形成了华夏族。把华夏族的形成过程说得纯粹又纯粹是完全错误的。如然，汇进华夏族的氏族部落就只能停留在血缘亲族集团的阶段，至多是停留在亲族集团联盟的阶段，那也就没有后来的华夏族了。

正因为如此，在汇入华夏族的氏族部落中，其亲族和苗裔有居于四方的，有迁往四方的。同为禹父鲧的后裔而有瓜州之戎，其衣服言语不与华同。同为夏后氏的后裔，在中原者为华夏族，迁往北方者则为匈奴。故史公曰："匈奴，夏后氏之苗裔也。"同为帝颛顼的后裔，其在中原者为华夏，迁往南方者则为荆蛮。同为黄帝的子孙而有华夏和戎狄。其为华夏者自不用说，其为戎狄者则犬戎、赤狄、白狄，均其明证也。同为炎帝之后而有华夏和氐、羌，这就更不用说了。直到春秋时期，在华夏族中还有不少姜姓之国，它们明显地是出自羌人的。太皞氏，少皞氏、帝鸿氏、缙云氏、共工氏等的后裔，都是这样，有进入华夏的，有成为蛮夷戎狄的。

有华夏之后而有蛮夷戎狄，然而华夏却是由蛮夷戎狄荟萃而成的。因此，华夏与蛮夷戎狄之间并没有什么不可逾越的界限。它们各自相互之间是你中有我，我中有你，息息相通的，又是夷狄而中国，中国而夷狄，能够相互转化的。

由此可以说，华夏族是由多元形成的共同体，而在它形成之后又是一干多枝的民族谱系。蛮夷戎狄和华夏之间都是交错而生的连理枝。这里边，不仅包括蒙古人种的各个分支，而且有西来的印欧人、阿拉伯人、尼格罗人，南来的马来人，等等。中国文化西来说是不对的，但这并不排除中华民族中有西来的民族成分，中国文化中有外来的文化。简言之，多元一体，一干多枝，这就是中华民族形成和发展的规律。多元一体是就华夏族的形成而言的，一干多枝指的是华夏族与其他民族的关系。所以，中华民族的各个民族可以统称为华族，而华族又是分为许多民族的。

至于华夏族是何时形成的，我认为应定在春秋战国时期。因为到这时候才真正形成了与蛮夷戎狄有别的华夏民族共同体。原来出自不同的所谓古帝王的氏族和部落到这时都合而为一了。原始时代的氏族部落是有族姓的，所以有的人又称氏族为姓族。这样的姓族在古代是屈指可数的，所以从族姓上很容易区分不同的氏族和部落。由姓族繁衍为宗族，再用

第一章 探讨华夏文明起源中的问题

族姓就不行了，因为许多宗族都是出自同一姓族的。为了区别不同的宗族，于是而有宗氏，即宗族的名称。在通常的社会交往中，人们是称氏不称姓的。称氏不称姓，表明氏族部落制在逐渐消失。不过，在追溯宗族的渊源时，人们又把族姓提出来。这又表明，氏族部落制还没有完全消失。进入春秋战国，人们以氏为姓，姓氏不分，宗族离散，再也找不到氏族部落的痕迹了。这就意味着华夏民族的形成。当然，古老的族姓并没有完全消失，但它已不是氏族部落的专称，而是华夏族中的氏姓了。

由多元而一体，就发生了祖宗牌位如何安排的问题。开始人们是把华夏族的祖先并列提出来摆上祭坛的。如太皞氏、少皞氏、共工氏、烈山氏、缙云氏、轩辕氏等等。在阴阳五行学说问世之后，又从众多的祖宗中选出五位来为五帝。五帝之说不一：一种安排是太皞、少皞、黄帝、炎帝和颛顼。另一种安排是黄帝、颛顼、帝喾、帝尧和帝舜。由于前一种安排是多元的，缺乏先后继承关系故此消亡；后一种安排是一脉相承的，所以保留下来了。但后一种安排也有问题，其他祖宗牌位往哪里摆呢？为此而有三皇，而三皇之说也是各不相同的。一说是天皇，地皇和人皇，可是这三皇又是怎么生出来的呢？为此又请出一位盘古来，是他开天辟地，让中华民族生下来的。这类神话传说，名目繁多，问题百出，难以尽述。但其实质只有一个，即都是按照华夏族形成之后的民族共同体推衍出来的。我们不能说这些神话传说全无根据，但其体系是由后人编制的。要探讨华夏文明的起源问题，我们必须打破这种神话传说的体系，归真朴，还其本来面貌。这样，我们才能查明华夏文明的源头，看它是怎样从多元演化成一体的。

对考古学也应这样说。我们不应按照后人编制的华夏文明起源的帝王世系来安排考古资料，而应按照考古资料的本来面貌看华夏文明是怎样从多元汇为一体的。或者说，在后来的华夏地区内，考古文化是怎样从多种文化系统汇合为一种文化的。

我们相信，在马克思主义关于文明起源的理论指导下，将历史与考古互相参证与结合，就一定能够将华夏文明的起源与形成过程理出一个大致的线索。

第二章　华夏文明的前奏曲

第一节　在浑沌初开时的神话战争

在人类文明起源的前史上，往往有一些战争的神话和传说，由这些神话般的战争拉开文明的序幕。究其原因，恐怕是氏族部落开始裂变并聚合为民族时所产生的。在原始社会中，部落以外的就是法律以外的，所以部落之间的纠纷通常要用武力来解决。通过连绵的战争形成的部落群体，就是原始的民族。这种现象在原始社会的早期是不会发生的。因为那时的氏族部落之间隔着广阔的森林草原地带，人们的活动一般又不超出自己的生存空间，相互之间的交往更是有限的。随着时间的推移，氏族部落的数量不断增加，交往日益增多，迁徙频繁发生，这就必然要发生冲突和战争，有时还是你死我活的极其残酷的战争。特别是在异姓氏族部落之间，双方都认为对方非我族类，其心必异，是相互视为禽兽的。视同禽兽，自然要采取对付禽兽的手段了。所以，说原始社会是通过和平的途径转变为文明社会的，并不完全正确。就氏族部落演变为民族来说，这次社会形态的更迭同样是由暴力来实现的。由于原始的氏族部落各有其宗神，又多以鸟兽虫鱼来命名，所以这类战争一般都以禽兽鬼神之战流传下来，成为奇异怪诞的神话传说。

在中华民族形成的前史上，也有惊天动地的神话战争。其中最著名的就是黄帝、炎帝和蚩尤之间的循环式战争。据《逸周书·尝麦》的记载：

昔天之初，诞作二后：乃设建典，命赤帝分正二卿：命蚩尤于宇少皞，以临四方，司□□上天未成之庆。蚩尤乃逐帝，争于涿鹿之阿，九隅无遗。赤帝大慑，乃说于黄帝，执蚩尤，杀之于中冀，以甲兵释怒。用大正顺天思序，纪于大帝，用命之曰绝辔之野。乃命少皞清司马鸟师，以正五帝之官，故名曰质。天用大成，至于今不乱。

这段神话的意思是：在天地形成之后，上帝立了两个王，即所谓"二后"。古代后与王义同，故可通用。这两个王就是赤帝和蚩尤。上帝还颁下命令，分别规定了赤帝和蚩尤的职务。但是，蚩尤却不守职命，攻起赤帝来了。双方战于涿鹿之阿，打得赤帝"九隅无遗"。赤帝惶恐万状，请求黄帝支援。黄帝擒杀蚩尤。随后仍请少皋出来正定人间秩序。

在这段神话故事中，出面的有四位人神：赤帝、蚩尤、少皋、黄帝。《山海经·大荒北经》中也谈到这段故事，但略去了赤帝和少皋，多出了另外几位人神。其文如下：

有人衣青衣，名曰黄帝女魃。蚩尤作兵伐黄帝，黄帝乃令应龙攻之冀州之野。应龙畜水。蚩尤请风伯、雨师纵大风雨。黄帝乃下天女曰魃，雨止，遂杀蚩尤。魃不得复上，所居不雨。叔均言之帝，后置之赤水之北。叔均乃为田祖。

这两则神话中都说蚩尤被杀掉了，其地点或云在冀州之野，或云在凶黎之谷。但有一部纬书《龙鱼河图》中则说，蚩尤没有被杀而是由黄帝降伏了，而且说得也更加怪诞，令人难以置信。请看：

黄帝摄政，有蚩尤兄弟八十一人，并兽身人语，铜头铁额，食沙石子，造立兵仗刀戟大弩，威振天下，诛杀无道，不慈仁。

万民欲令黄帝行天子事,黄帝以仁义不能禁止蚩尤,乃仰天而叹。天遣玄女下授黄帝兵信神符,制伏蚩尤,帝因使之主兵,以制八方。蚩尤没后,天下复扰乱,黄帝遂画蚩尤形象以威天下,天下咸谓蚩尤不死,八方万邦皆为弭服。

由于传说蚩尤被黄帝擒杀了,所以就有蚩尤之墓。据魏人王象、缪袭等所撰《皇览》记载:"蚩尤冢在东平郡寿张县阚乡城中,高七丈,民常十月祀之。有赤气出,如匹绛帛,民名为蚩尤旗。肩髀冢在山阳郡钜野县重聚,大小与阚冢等。传言黄帝与蚩尤战于涿鹿之野,黄帝杀之,身体异处,故别葬之。"钜野县至今犹存,属菏泽地区。寿张县已并入阳谷,现属聊城地区,但古寿张也许在今之东平县西北。当然,所谓蚩尤冢,早已不知去向了。

由于传说蚩尤未死,还受黄帝之命主持军事,所以他就参加了黄帝的盟会。据《韩非子·十过》中说:"昔者黄帝合鬼神于西太山之上,驾象车而六蛟龙,毕方并辖,蚩尤居前,风伯进扫,雨师洒道,虎狼在前,鬼神在后,腾蛇伏地,凤皇覆上,大合鬼神,作为清角。"蚩尤在这里又出现了。不仅蚩尤,还有他的风伯和雨师。这是一次部落大会,禽兽鬼神都参加了。大会地点在西太山,即今山西霍县一带的霍

第二章 华夏文明的前奏曲

太山。这次大会留给后人的传说有风后陵,风后陵简称风陵,在今黄河禹门口东边。这次大会反映出,蚩尤、赤帝、黄帝之间的反复战争,终于以和平的结盟而告一段落,只是盟主为黄帝而已。

不过,赤帝不在其列,他到哪里去了呢?赤帝即炎帝,原来他在求助于黄帝打败蚩尤之后,又和黄帝打起来了。这次大战以《史记·五帝本纪》记载最详,录之于下,再加评说:

轩辕之时,神农氏世衰。诸侯相侵伐,暴虐百姓,而神农氏弗能征。于是轩辕乃习用干戈,以征不享,诸侯咸来宾从。而蚩尤最为暴,莫能伐。炎帝欲侵陵诸侯,诸侯咸归轩辕。轩辕乃修德振兵,治五气,艺五种,抚万民,度四方,教熊、罴、貔、貅、䝙、虎,以与炎帝战于阪泉之野。三战,然后得其志。蚩尤作乱,不用帝命。于是黄帝乃征师诸侯,与蚩尤战于涿鹿之野,遂禽杀蚩尤。而诸侯咸尊轩辕为天子,代神农氏,是为黄帝。

从这段材料看,黄帝是同蚩尤和炎帝分别进行战争的,而且黄炎之战在前,黄帝与蚩尤之战在后,亦即黄帝先打败炎帝而后又联合炎帝打败蚩尤的。这种安排很可能是受了周人的影响，因为周人自称出自天鼋，亦即轩辕氏；而且黄帝与炎帝是同胞兄弟，怎能互相厮杀呢？不错，周人的黄帝确实是在西北黄土高原上同羌人的炎帝结为联盟而起家的，但这并不排除其他地区的炎帝部落和黄帝部落有相互攻伐的事实。在上述黄炎之战中，黄帝出动了熊、罴、貔、貅、䝙、虎等六个部落，它们就不见于周人的记载。而且，这次大战发生在阪泉之野，阪泉是不在西北黄土高原的。据《史记·五帝本纪·正义》引"《括地志》云：'阪泉，今名黄帝泉，在妫州怀戎县东五十六里。出五里至涿鹿东北，与涿水合。又有涿鹿故城，在妫州东南五十里，本黄帝所都也。'晋《太康地里志》云'涿鹿城东一里有阪泉，上有黄帝祠'。案：阪泉之野则平野之地也。"黄帝与炎帝战于阪泉之野，不是无迹可寻的。春秋时，晋文公出师勤王，令狐偃卜之，"遇黄帝战于阪泉之兆"[①]，以为吉利。这里说的就是黄帝与炎帝的阪泉之战。

蚩尤和炎帝之战、黄帝与蚩尤之战，都不在西北黄土高原。其地一云在涿鹿，已如上述。汉代上谷郡有涿鹿县，或云即此处也。另一种说法是在冀州之野。古冀州包括西河之

---

① 《左传》僖公廿五年。

东,即今山西的黄河;南河之北,即今三门峡至郑州的黄河;东河之西,即自今郑州西北折而东北流的古黄河。冀州之野只能在这里而不在陇东的黄土高原上。涿鹿之阿当然也在这个地区之内。阿的意思为山麓,这块地方有中条山、太行山,迤北为燕山山脉。所以涿鹿之阿即使不在上述之涿鹿,也应在太行山的东侧,至多是不会超出中条山的。

为什么同一神话传说而诸说不同?其原因恐怕是:年代久远,记忆依稀,难得考实;传闻互异,各述所记,所闻不同,所记亦异;人神之间,漫无边际,禽兽鬼神,浑然一体;后人加工,取舍不同,各取所需,编成体系。所以,三皇五帝的系统从来都是说不清的。太史公博闻广记,也感到要写《五帝本纪》是有困难的。为此,他发出了这样的感慨:

太史公曰:学者多称五帝,尚矣。然《尚书》独载尧以来;而百家言黄帝,其文不雅驯,荐绅先生难言之。孔子所传宰予问《五帝德》及《帝系姓》,儒者或不传。余尝西至空桐,北过涿鹿,东渐于海,南浮江淮矣,至长老皆各往往称黄帝、尧、舜之处,风教固殊焉,总之不离古文者近是。予观《春秋》、《国语》,其发明《五帝德》、《帝系姓》章矣,顾弟弗深考,其所表见皆不虚。《书》缺有间矣,其轶乃时时见于他说。

非好学深思，心知其意，固难为浅见寡闻道也。余并论次，择其言尤雅者，故著为本纪书首。①

太史公说来说去，也只能以《五帝德》、《帝系姓》为依据，兼采他说，著为《五帝本纪》。但他哪里知道，所谓《五帝德》是按五德终始说（金、木、水、火、土）编制出来的。故一个模式而诸家不同，如《吕氏春秋》中就以太皋、少皋、黄帝、炎帝、颛顼为五帝。张守节《史记正义》案："太史公依《世本》、《大戴礼》，以黄帝、颛顼、帝喾、唐尧、虞舜为五帝。谯周、应劭、宋均皆同。而孔安国《尚书序》，皇甫谧《帝王世纪》，孙氏注《世本》，并以伏羲、神农、黄帝为三皇，少皋、颛顼、高辛、唐、虞为五帝。"② 诸如此类，不作备举。要之，所谓三皇五帝，都是后人按照自己的时代思维模式，即五德终始的历史循环论安排出来的。实际上，在所谓"万国"时代之前，根本无所谓五帝，也无所谓三皇。所以，我们在考察这段历史的时候，必须打破这种陈旧的历史体系，才有可能还其本来面貌。而所谓三皇五帝，也均非

---

① 《史记》精装本第一册第四六页，中华书局一九七三年版。
② 同上，第一页。

实有其人。他们要么是氏族部落称号,要么是氏族部落之神。而同名共神的氏族部落又是屡见不鲜的。这是一个神人不分、人自称草木禽兽虫鱼的时代,是不能完全以文明史视之的。要揭开这段混沌状态的历史之谜,必须把隐含在鬼神禽兽中的氏族部落找出来,从而清理出华夏文明起源的端绪。

上述传说涉及到的神话人物主要有:蚩尤、炎帝、少皞和黄帝,而据《盐铁论·结和篇》:"轩辕战涿鹿,杀二曎蚩尤而为帝"。这二曎指的就是太皞和少皞。所以,在上述神话人物中还应包括太皞。现依次从史籍勾勒如下:

皞亦作皥、浩、皋、昊等,皆同音通用,其义为太阳经天而行,所以太皞就是太阳,即太阳神也。这是一种信奉太阳神的氏族部落,其发源地在淮水中上游。"陈,太皞之虚也。"[①] 地在今河南淮阳。后世这里有太皞陵,并建太皞庙,定期举行祭祀和庆祝活动。届时商贾云集,热闹非凡。这也可以说是由太皞氏演化来的传统文化吧!

但是,太皞的后裔可考者却比较渺茫。据说,太皞风姓,神话中的风后和风伯应与之有关,不过他们都不是社会实体。作为社会实体的只有:"任、宿、须句、颛臾,风姓也,实

---

① 《左传》昭公十七年。

司太皞与有济之祀，以服事诸夏。"①据杜预注："任，今任城县也"，在今山东济宁市境。"宿，小国，东平无盐县也"；"须句在东平须昌县西北"，均在今东平县境。"颛臾在泰山南武阳东北"，今费县境内。此外有点线索的可能是颛顼。《山海经·大荒东经》云："东海之外大壑，少昊之国。少昊孺帝颛顼于此，弃其琴瑟。"孺与乳通用，义为抚育成长。《帝王世纪》云："颛顼生十年而佐少昊"，与此相符。东海指巨野泽，在今山东巨野县。东海之外就是巨野以东了。这里要指出一点，即炎、黄、蚩尤之战以后，太皞各部可能受到攻击而从淮水中上游向东北退走，托庇于少昊各部，故而有"命少皞清正司马鸟师"之说。

蚩尤可能与太皞有关系。"太皞氏以龙纪，故为龙师而龙名。"②蚩尤之"尤"字实为蛇之象形，而蚩字下部又作虫。古代龙蛇难分，故蚩龙亦可释为龙蛇，正如九字为龙之象形一样。至于将太皞说成东方苍龙，把蚩尤说成带尾巴的彗星，那是战国以后的事。当然，把蚩尤说成像彗星而后曲的旗帜，并无多少恶意，只不过说明此星如出现就要发生兼并战争而

---

① 《左传》僖公二十一年。
② 《左传》昭公十七年。

已。正如《管子·地数篇》中所说：黄帝"修教十年，而葛卢之山发而出水，金从之，蚩尤受而制之以为剑铠矛戟、是岁相兼者诸侯九。雍狐之山发而出水，金从之，蚩尤受而制之以为雍狐之戟，芮戈，是岁相兼者诸侯十二。故天下之君，顿戟一怒，伏尸满野，此见戈之本也"。可见，蚩尤是一位战神，蚩尤旗是一面战旗。难怪古籍中说"蚩尤作兵"或"蚩尤作五兵"，把他说成兵器发明家了。

可是，蚩尤的后裔却比较难寻，这大概是因为他战败了的缘故。《大戴礼·用兵篇》中说："蚩尤，庶人之贪者也。"实属荒唐。庶人怎能与赤帝和黄帝大战呢？东汉末的应劭说他是"古天子"和《逸周书·尝麦篇》中说的"命蚩尤于宇（宅）少昊"相接近。但这和说他是庶人一样，不知属于何族？《尚书·吕刑篇》中有这样两句话："蚩尤惟始作乱，延及于苗民"和"苗民复九黎之德"。不少汉代学者可能据此说蚩尤是"九黎之君长"，这才有一点线索。《尚书·西伯戡黎》之黎国，《史记·周本纪》作"耆"，《宋微子世家》作"阢"，当是九黎。阢字的"阝"旁是附加的，去掉后即是九。九在这里并不是数目字，而是族邦名，故可单称阢或黎。春秋时仍有黎国，曾为赤狄潞氏所灭，晋灭潞而复立之，可能是九黎之后。其地在今山西黎城、潞城、长治、壶关一带。另外，汉之魏郡有黎阳，在今河南浚县境；东郡有黎县，在今山东郓城县西，这些地名也可能由九黎而来。如然，蚩尤就是古代活动于今鲁西，豫北直到山西东南的氏族部落群之代称了。蚩尤各部活动在这些地方，向北发展，和黄帝战于涿鹿，是完全可以理解的。

蚩尤和少皞的关系是清楚的，不过少皞似乎没有和黄、炎二帝交过锋。少皞即小皞，同太皞一样也是太阳神，只是大小有别而已。由此可见他和太皞的关系。少皞的所在地，据周初大分封时鲁公伯禽封于"少皞之虚"[1]来看，应在今之山东曲阜以南，故后人有少皞都于曲阜之说。今曲阜市有少皞陵，表明少皞在这一带活动过。当然，奉少皞为祖神的氏族部落群，其活动地区是不会限于曲阜的。春秋时有一位郯国之君说少皞是他的祖先。当有人问道："少皞氏鸟名官，何故也？"他说："吾祖也，我知之。"

> 我高祖少皞挚之立地，凤鸟适至，故纪于鸟，为鸟师而命以民事。凤鸟氏，历正也；玄鸟氏，司分者也；伯赵氏，司至者也；青鸟氏，司启者也；丹鸟氏，司闭者也。祝鸠氏，司徒也；鴡鸠氏，司马也；鸤鸠氏，司空也；爽鸠氏，司寇也；

---

[1] 《左传》定公四年。杜预注："少皞虚，曲阜也，在鲁城内。"《帝王世纪》也说："少昊邑于穷桑以登帝位，都曲阜。"

鹘鸠氏，司事也。五鸠，鸠民者也。五雉为五工正，利器用，正度量，夷民者也。九扈为九农正，扈民无淫者也。①

这些鸟有的可得而言，如玄鸟即燕鸟，伯赵为伯劳鸟等；有些则不知为何鸟，但有一点是明白的，它们都是氏族部落的名称。就连少皋名挚，也与鸟有关。挚、质、鸷同音通用，而鸷是鹰一类的猛禽。这个庞大的氏族部落群的活动范围是很广的，如"昔爽鸠氏始居此地"，指的是后来的齐国；而自称少皋之后的郯国，则在今山东郯城境。可以说，广大海岱地区都是少皋氏生栖的地方。

少皋氏的后裔可考者有皋陶和伯益。据说皋陶，偃姓。偃同匽通燕，当是以燕鸟为名的氏族部落群，和少皋氏以鸟名官是一致的。相传"皋陶生于曲阜"②，这和少皋都于曲阜也是符合的。就连他的名字中之皋和少皋也是相通的。因此，皋陶应属少皋系统。但皋陶的后裔却不在海岱地区而在江淮之间，如春秋时期还存在的英、六、蓼和群舒（舒庸、舒蓼、舒鸠、舒龙、舒鲍、舒龚），大体在今安徽六安，舒城一带。

---

① 《左传》昭公十七年。
② 晋皇甫谧《帝王世纪》。

它们都是奉皋陶为祖的。所以当楚国灭六和蓼的时候,鲁国的臧文仲感叹道:"皋陶、坚庭不祀,忽诸!德之不建,民之无援,哀哉!"①意思是说,六和蓼内不修德,外不结援,以致灭亡,皋陶和坚庭的香火一下子就断绝了。这些国家又被称为淮夷。《诗经·鲁颂·泮水》也将它们和皋陶联系起来,说:"明明鲁侯,克明其德,既作泮宫,淮夷攸服。矫矫虎臣,在泮献馘;淑问如皋陶,在泮献囚。"这是一首歌颂鲁僖公征伐淮夷的诗,文中提到皋陶,可见皋陶和淮夷是有关系的。其实,所谓群舒中之舒鸠也就是爽鸠氏。

伯益又作伯翳,据说他是皋陶之子,但皋陶偃姓,伯益嬴姓,似不可通。实则嬴和偃不过一音之转,如娥皇、女莹可以作娥皇、女匽或女英。伯益初居何地,不明,但其后裔散布很广,颇有影响。据太史公说,"秦之先为嬴姓。其后分封,以国为姓,有徐氏、郯氏、莒氏、终黎氏、运奄氏、菟裘氏、将梁氏、黄氏、江氏、修鱼氏、白冥氏、蜚廉氏、秦氏"以及赵氏。②其中可考者如徐国,在今苏北到鲁南,曾称霸东方。郯氏即郯国。莒氏乃莒国,在今山东莒县一带。

---

① 《左传》文公五年。
② 《史记·秦本纪》。

终黎氏,《世本》作钟离,在今安徽凤阳境。运奄氏可能就是商代的奄国,在今山东滕县一带。菀裘氏,不详。将梁氏即梁国,初在今河南开封,后迁汝阳,再迁至今陕西韩城一带。黄氏即黄国,在今河南潢川境。江国在今河南正阳境。修鱼氏,不详。白冥氏可能就是伯明氏,如然,当在今山东潍坊地区。蜚廉氏即费氏,初在今山东费县,后西迁。秦、赵都出自费氏。另有嬴姓之葛国,为商汤所灭,在今河南宁陵。可见,这是一个多么庞大的氏族部落群。难怪历史上有伯益和禹子启争位的传说了。值得一提的是,伯益应为少皋之后,有前述郯子认祖之言可证,而且有说少皋为嬴姓者。但史公却说他是颛顼之后,而近年在凤翔发掘的秦景公墓中出土器物铭文中有"高阳有灵"之句,高阳即帝颛顼。这究竟是"帝少皋孺帝颛顼于此"的结果呢?抑或是伯益部后来投靠了颛顼部呢?

此是后话,暂且不提,还是说蚩尤的对手炎帝吧!古赤、炎不分,故赤帝即炎帝。蚩尤宇(宅)于少皋,处于东方,炎帝自然是在西方的。按周人的传说:"昔少典娶于有蟜氏,生黄帝、炎帝。黄帝以姬水成,炎帝以姜水成。成而异德,故黄帝为姬,炎帝为姜。二帝用师以相济也,异德之故也。"[①]

---

① 《国语·晋语》四。

这段传说回避了黄、炎之战的问题，显然是根据周人和羌人的联盟关系编出来的。

不过，这段传说中提到的炎帝还是比较可靠的。《水经注》渭水条下说："岐水又东径姜氏城南，为姜水。按《世本》：'炎帝，姜姓'；《帝王世纪》曰：'炎帝神农氏，姜姓，母女登游华阳，感神而生炎帝于姜水。'是其地也。"岐水发源于岐山（今扩箭岭），其下游古称姜水，折南流入渭水。这一带有关姜姓炎帝的遗迹甚多，如姜氏城、姜城堡、清姜河、神农庙、姜原等等。徐旭生先生认为："炎帝氏族的发祥地在今陕西境内渭水上游一带"[1]，是颇具见地的。

炎帝也好，赤帝也好，均非实有其人，而是崇拜火的氏族的部落神。故而有"炎帝氏以火纪，故为火师而火名"[2]之说，也有直接称炎帝为火师的。这个崇拜火的氏族部落群就是羌人或氐羌。姜与羌是相通的，故姜姓即羌人。只是后来留在西部并向西发展者为氐羌，向东发展进入中原者为华夏罢了。它们之中可数者有：

烈山氏。据说："昔烈山氏之有天下也，其子曰柱，能

---

[1] 《中国古史的传说时代》第四二页。
[2] 《左传》昭公十七年。

殖百谷百蔬；夏之兴也，周弃继之，故祀以为稷。"① "稷，田正也。有烈山氏之子曰柱，为稷，自夏以上祀之；周弃亦为稷，自商以来祀之。"②《礼记·祭法》的记载类此，唯烈山氏作厉山氏。郑氏注云："厉山氏，炎帝也，或曰有烈山氏。"后人所说的炎帝神农氏实即这位烈山氏。春秋有一厉国，姜姓，可能是烈山氏的后裔。其事见僖公十五年："齐师、曹师伐厉。"陈槃先生云："厉，姜姓，神农厉山氏后。今湖北随县北四十里有厉山，山下有厉乡。"③ 当然，作为一个氏族部落群，其活动范围是不会限于此地的。要不，今湖北西部为什么还有神农架的地名呢？

其次是共工氏，或称炎帝共工氏。不过"共工氏以水纪，故为水师而水名。"④ 这是有别于炎帝之以火纪的。为什么有这种差别，可能与共工氏治水有关系。据说共工氏就是由于治水失当而灭亡的。"昔共工弃此道也，虞于湛乐，淫失其身，欲壅防百川，堕高堙庳，以害天下。皇天弗福，庶民

---

① 《国语·鲁语》上。
② 《左传》昭公廿九年。
③ 《中国历史地理·春秋篇》，台北中国文化大学出版社一九八三年版。
④ 《国语·周语》下。

弗助，祸乱并兴，共工用灭。"①韦昭注引贾侍中云："共工，诸侯，炎帝之后，姜姓也。"这是一支庞大的氏族部落群体，曾称霸于九州。故而有这样的传说："共工氏之伯九有也，其子曰句龙，能平水土，故祀以为社。"②或者说："共工氏之霸九州也，其子曰后土，能平九州，故祀以为社。"③所谓"九州"、"九有"，实乃共工氏的九个氏族部落。其活动地域约略可寻，"四岳、三涂、阳城、大室、荆山、中南，九州之险也，是不一姓"④，说的就是共工氏活动过的地方。这块地方是以今之洛阳盆地为中心而展开的。在今之晋南和豫西，商代有九侯，周代有九州之戎，可能都是共工氏的余孽。共工氏虽然很早就灭亡了，但却留下了深远的影响。《禹贡》所谓九州，就是按照共工氏之九州放大出来的。这也许是"禹代共工"或"逐共工"而据有其地的缘故吧。⑤

和共工有关系的是四岳，他们被称为共工氏之从孙。四岳的首领为伯夷，据说他当过秩宗，是位祭山的官，实际上

---

① 《国语·周语》下。
② 《国语·鲁语》上。
③ 《礼记·祭法》。
④ 《左传》昭公四年。
⑤ 《荀子·议兵》、《成相》，《战国策·秦策》，《山海经·海外北经》等。

是位山神。四岳的后裔可数者有齐、吕、申、许。《诗·大雅·嵩高》有云:"嵩高唯岳,峻极于天,惟岳降神,生甫及申。"其中嵩为嵩山,后称中岳,甫即吕也。据说四岳曾佐禹治水,"皇天嘉之"。"祚四岳国,命以侯伯,赐姓曰姜,氏目有吕。"所以说"齐、许、申、吕由太姜"①而生也。这四个国家中的申、吕、许,开始大概都在中岳嵩山一带,只有齐在渭水上游。后来申、吕迁于南方,如《国语·郑语》中所说:"当成周者,南有荆蛮、申、吕、应、邓、陈、蔡、随、唐。"许由中岳东迁至今之许昌,再迁至今之叶县,最后迁到淅川,也到南方去了。而齐国的姜太公吕尚则受封到了东方。齐初在西方而尊伯夷是不足为奇的。"伯夷父生西岳,西岳生苗龙,苗龙生氐羌。"②它和氐羌原本是同一族类。

齐国受封到东方是后来的事,在此以前很久就有一支羌人到那里去了。据说,"昔爽鸠氏始居此地,季荝因之,有逄伯陵因之,蒲姑氏因之,而后太公因之。"③这里的爽鸠氏属少皞系统。季荝,相传为虞、夏诸侯,不详其族类。蒲姑氏是商代的东方强国,曾参与武庚(纣王子)和管蔡的叛乱,

---

① 《国语·周语》中。
② 《山海经·大荒西经》。
③ 《左传》昭公廿年。

为周公所灭。在季萴和蒲姑之间就是有逄伯陵了。这位有逄伯陵为炎帝之后，姜姓。周人在谈到东方的婺女星时说："我皇妣太姜之侄，伯陵之后，逄公之所凭神也。"①韦昭注云："伯陵，太姜之祖有逄伯陵也。逄公，伯陵之后，太姜之侄，殷之诸侯，封于齐地。"《山海经·海内经》中则径称之为"炎帝之孙伯陵"。从有关材料推断，这支羌人在商代之前已经到了齐地了。春秋时这里的纪、向、州、谭等姜姓国家可能就是这支羌人的后裔。

在共工氏活动地区之北，依稀可考者还有缙云氏。"缙云氏有不才子"②曰饕餮，被帝舜赶跑了。《史记·五帝本纪·集解》引贾逵云："缙云氏，姜姓也，炎帝之苗裔，当黄帝时任缙云之官也。"这支羌人的发展线索不太清楚，只有《吕氏春秋·恃君》说"饕餮、穷奇之地"在"雁门之北"，也许他们被驱逐到那里去了吧！

最后再谈一下黄帝。如前所说，黄、炎、蚩尤之间的战争都是在北方今之冀北发生的，而古冀州大体上也在今之晋、冀两省范围内；黄帝"大合鬼神"在今之霍泰山，而非东岳

---

① 《国语·周语》下。
② 《左传》文公十八年。

泰山。就连传说中的黄帝陵也不在今之黄陵县。相传黄帝葬于桥山,其地据宋以前的史籍,均以为在汉代之上郡阳周县。如《皇览》云:"黄帝冢在上郡桥山。"《汉书·地理志》上郡阳周县条下注云:"桥山在南,有黄帝冢。"《括地志》说:"黄帝陵在宁州罗川县东八十里子午山,《地理志》云上郡阳周县桥山南有黄帝冢。"阳周县到隋代改为罗川县,故二者实为一地。此地约当今陕北子长县境。黄帝驯养来进行战争的六种野兽(熊、罴、貔、貅、䝙、虎)也多为北方之物,而黄帝为有熊氏。按史公说:黄帝"迁徙往来无常处,以师兵为营卫"[1],带有游牧部落的特色。凡此种种,都说明黄帝乃是北方的一个庞大的氏族部落群。其后来的发展有类于炎帝的后裔,只是南下入中原者为华夏,散处北方者仍为戎狄而已。据说,"黄帝之子二十五人,其同姓者二人而已,唯青阳与夷鼓皆为己姓。青阳,方雷氏之甥也;夷鼓,彤鱼氏之甥也。其同生而异姓者,四母之子别为十二姓。凡黄帝之子二十五宗,其得姓者十四人,为十二姓:姬、酉、祁、己、滕、葳、任、荀、僖、姞、儇、依是也。唯青阳与苍林

---

[1] 《史记·五帝本纪》。

同于黄帝,故皆为姬姓。"①且不说这段材料中的矛盾之处,姑就十二姓而言,姬姓之中到春秋时仍有戎狄,如骊山之戎,姬姓;狐戎,姬姓等等。酉姓即婤姓,只发现于白狄。如白狄中之鲜虞、鼓、肥等国,均为婤姓。任姓源于有仍氏,而有仍氏和有戎氏是相通的。另据《山海经·大荒西经》:"黄帝之孙曰始均,始均生此北狄。"《大荒北经》:"黄帝生苗龙,苗龙生融吾,融吾生弄明,弄明生白犬,白犬有牝牡,是为犬戎。"这两支犬戎,一支就是攻杀周幽王于骊山之下的犬戎,原在今之陕北,后迁今之甘肃天水;另一支就是后来被晋国赵襄子灭掉的代国,在今山西代县。这其中的详情除十二姓中之不可考者外,留待后面再说。

  黄帝之所以被儒家列为五帝之首,首先是出了祁姓之陶唐氏,其次更重要的是姬姓的周人建立了一个庞大的王国。黄帝也就因此膨胀起来了。由于周人兴起于西北黄土高原,黄帝也就到了那里。其实,我国北方民族向西发展进入西北黄土高原者历代有之,周人和姞姓之密须(今甘肃灵台)最初不过是活动到西北之戎狄而已。到了西北黄土高原,和羌人结为联盟,黄帝和炎帝也就成了兄弟了。但"我周人出自

---

① 《国语·晋语》四。

天鼋"①,"黄帝氏以云纪,故为云师而云名"②,这和炎帝之以火纪,仍然是有别的。

综上所述,黄、炎、蚩尤之战大致上涉及以下三个或四个集团:一是太皞、少皞和蚩尤集团,二是炎帝集团,三是黄帝集团。如果细分,少皞集团还可以单列。这几个集团在《易传》中是这样安排的:首先出场的是庖羲氏,他是始作八卦的人物。古代常把他和太皞氏合为一人,称太皞伏羲氏。其次出场的是神农氏,他是一位作耒耜教民稼穑的人物,同时也进行交易。如前所说,他就是炎帝神农氏。最后出场的是黄帝和尧、舜,他们的发明和功绩就多得多了。如衣裳、舟楫、弓矢、杵臼、棺椁、书契、服牛乘马等等,这些发明都是从黄帝开始的。

在这里没有蚩尤的位置,因为他早被视为凶神而另行发配了。少皞氏也没有位置,大概是因为没有继承正统的缘故。在古代传说中,帝尧的老兄名帝挚而又未登位,看来就是少皞挚了。不过,上述安排多少还是反映出了炎、黄、蚩尤之间的关系。

---

① 《国语·周语》。
② 《左传》昭公十九年。

第二节　考古学提供的信息

中国古代传说中的所谓黄、炎、蚩尤之战，在考古学中有没有一点信息可寻呢？我看多少有一点。当然，要把神话传说和考古资料直接挂钩是有困难的，甚至可以说是不可能的。但神话传说绝非无根之木，无源之水，不管它有多么离奇怪诞，它总是以一定人群的活动为根据的，而人们的活动总要留下遗迹来。所以，神话传说和考古资料必然存在着某种隐隐约约的对应关系。我们不能因为"查无此人"而根本否定这种关系，而应在考古资料中找到它的原籍。有趣的是，当我们做这种努力的时候，一种古老的考古文化很自然地进入我们的视野。它就是磁山——裴李岗文化，有时人们也分别称之为裴李岗文化和磁山文化。

裴李岗文化以首先发现于河南新郑裴李岗而得名。现已查明的分布范围，南达潢川、固始，北达林县，东至项城、商水，西至卢氏，其中心在豫中地区，西南及于方城，东北影响及于山东滕县。

磁山文化以首先发现于河北武安磁山而得名，因其与裴李岗文化大同小异，故而可以合为一种考古文化。这样，豫北如林县、孟县等地发现的裴李岗文化亦可归入磁山文化。

第二章 华夏文明的前奏曲

磁山文化沿太行山东侧达于冀南或可至冀中,向东伸展到哪里目前尚不清楚,也许能到冀、鲁、豫交界地区吧!

从时间上说,裴李岗文化上限早于磁山文化。综合碳14测定的有关数据,裴李岗文化存在于公元前六千年到五千年,延续了大约一千多年,距今七八千年,或者更早一些。磁山文化的年代,下限大约与裴李岗文化同时而略早;上限为公元前五千四百年,较裴李岗文化的上限晚约五百多年。据此似乎可以认为,磁山文化是裴李岗文化由南向北发展的产物;或者说,磁山文化是裴李岗文化的一个地区类型。

裴李岗文化较之同一阶段其他类型的文化不仅在时间上是最早的,而且有较高的发展水平。首先,它的农业就是相当发达的。农业起源于采集,故最早的农业为采集农业。由采集农业转变为种植农业,要经历一个漫长的过程,待人们掌握了农作物的生长知识后方能完成。种植农业最初是刀耕火种,即将树木砍倒连同灌木杂草一起烧光,掘洞点种,所以也叫砍倒烧光农业。这种原始农业很不稳定,常须流动换地而耕,故又称游耕农业。由此再向前发展,进入锄农业阶段,人们才能定居下来。这时人们已知道翻耕土地进行种植,收成相对来说有了保证,因而可以定期安居下来。所以,锄农业也可称为定居农业。到了发达的锄农业阶段,离文明社会就不太远了。裴李岗文化可以说已经达到了这个阶段,这从当时的遗址、遗迹和遗物所反映的文化面貌中不难看出来。

在裴李岗文化遗址中,出土了成批的石斧、石铲、石镰、石磨盘及磨棒。石斧器形规则,通体磨光,十分精致。石铲两端或一端呈弧形刃,一般长二十至三十厘米,宽十余厘米,局部或通体磨光。石镰为长条形,前尖后宽,弧形背,刃部有细锯齿,磨制而成,后部有凹槽可装柄。石磨盘多数呈鞋底状长椭圆形,一头宽,一头窄,腰部内收,正面较平,底部有四个琢磨成的矮足。其中大的长七十八厘米,宽二十七至四十二点六厘米,高八厘米。石磨棒为圆柱形,因长期使用,中部往往被磨成扁圆或三角形。从这一套农业的生产、收获和加工器具来看,裴李岗文化肯定已进入了发达的锄农业时期。

裴李岗人生产的谷物基本已够食用,后来在有些地方还有剩余。例如,磁山遗址第一文化层发现了一百五十七个窖穴,其中六十二个有粟类粮食堆积。有人对现已发现的八十八个存粮窖穴进行统计,全部粮食体积约一百零九立方米,所存粮食足够二百五十人一年之用。这样多的存粮,不管如何解释,都是农产品有了富余的结果。

由于有了发达的锄农业,家畜饲养业随之发展起来。现在可以肯定的家畜家禽有鸡、狗、猪、羊等。在有的遗址中发现有猪骨和羊骨,而且有陶塑猪头和羊头,可见猪、羊是人们豢养的动物。有的遗址中发现有鸡骨和狗骨。此外,还有牛骨、鹿骨、猫骨等,不知其是否为家畜。不过,要把野生动物驯化,一般要经历相当长的过程。开始时多半是拘禁驯养,即将某些野生动物围拦起来进行饲养,逐渐将其驯服。再一步是野牧,即将驯化了的动物加上标志放出去,任其游动觅食,需要时再将其找回来。第三步才是家养或人工放牧。所以,游牧经济在开始时一般是以简单的原始农业为支撑点的,只有待大批的动物驯化之后,才能丢掉这根拐杖。这也是为什么游牧民族进入文明社会较农业民族为晚的一个重要原因。裴李岗文化时期的有些动物已成为家畜,有些可能还在拘禁驯化或实行野牧吧!

饲养家畜家禽和驯化野生动物,是人们生活的一个重要来源,也是定居的必要条件。此外,从出土的骨镞、石弹丸和一些细石器来看,当时人们还进行狩猎和采集。在有些遗址中,不仅有上述动物的骨骼,而且还有一些不知名的动物骨骼;同时还有野生果实如麻栎、枣核、核桃之类。这说明,狩猎和采集仍是人们生活的补充来源。

裴李岗文化的手工业也有较高的水平。其中石器尤为突出。人们在长期的经验积累的基础上，已熟练地掌握了选料和制坯技术，如磨盘均选用黄砂岩，打制成形后正面磨平，反面凿空留下矮足。磨制工艺堪称精湛。各种各样的器物造型都比较一致，似乎有一定的规范。尽管在石器中还有一些尖状器、刮削器等细石器产品，但从总体上看，其石器工业是相当成熟的。这样的石器工业是不是需要某种社会分工，是一个值得考虑的问题。

石器是一种传统手工业，新兴的手工业则有陶器。种类以炊器为多，有三足钵形鼎、罐形鼎、碗形鼎等，用以制做不同的食物。如钵形鼎可以煮饭，罐形鼎可以煮肉。其中钵形鼎最多，说明人们是以粟类为主食的。其他器物有缸、罐、盆、碗、钵、盘、杯、壶、勺、倒靴形器座等等，适用于各种生活需要。质地有泥质和夹砂两类：泥质多素面；夹砂陶大都有压印点纹、指甲纹、划纹、篦纹等纹饰。制法均用手工，大型器物用泥条盘筑，外部打磨平，内部留有泥条痕迹；小件器物用手捏成。陶色多为红色或红褐色，少数为灰色。这是由于烧制火候较低所致。不过，裴李岗文化的陶器已脱离了露天烧制的原始阶段，而是用陶窑烧制的。当时的陶窑呈圆形，直径约一米，底部为圆形。窑室内壁上有火孔，直径六至八厘米不等。这种由窑壁、窑底和火道壁构成的陶窑还比较简单，说明制陶业还是比较原始的。

此外，裴李岗文化还有骨器，如骨镞、骨锥、骨匕、骨簪、鹿角器等等。这里还出土有陶纺轮，说明当时已有原始的手工纺织。另外有绿松石耳坠，可能是交换得来的。

在当时的各项生产活动中，似乎已有某种劳动分工。例如，男性墓中多随葬石斧和石铲以及石镰，有些还葬有陶壶，这表明农业中的主要劳动是由男子承担的，渔猎也主要是男子的事情。女性墓中多随葬石磨盘和磨棒，并葬有更多的陶器，这表明妇女从事家务劳动，制陶业也攥在她们手中。至于纺织和缝纫，当然是属于妇女的。主要由妇女担任的可能还有家畜家禽的饲养。

由于农业是当时的主要生活来源，所以在裴李岗文化的某些窖穴中埋有石斧和石铲或磨盘和磨棒，这似乎表明人们在祈求丰收。特别值得注意的，是在一个窖穴中发现了一个陶塑老人头像：扁头方脸，前额较平，粗壮的眉脊左右相连，宽鼻深目，下颌前突，口、眼是剔出来的，形象生动。这既是一件难得的陶塑艺术品，又似乎表明当时已有了田祖崇拜现象。

当时的住房表明，人们似乎是以家庭为基本生活单位的。这样的住房在密县莪沟北冈遗址共发现六座。其中一座为方形，五座为圆形。方形房址因残破过甚，已难以知其全貌，只知其边长为二点四米。圆形房屋均为半地穴式小型建筑，底部直径二点二至三点八米。周围有柱洞，是安柱子支撑墙壁和房顶的。墙壁用草拌泥垒抹且经过烧烤。有的中间还有一个较大的柱洞。房门朝南，有阶梯式或斜坡式门道，有的门道两边也有较大的柱洞。看来房顶呈圆锥式伞状。室内地面平整坚实，有的还铺垫白胶泥土，保持地面干燥实用。在室内东北角均有火塘，以供炊食之需。这样的房屋显然是属于夫妻及其所生子女的。

不过，要说当时的社会是以一夫一妻制家庭为基本细胞的，似乎不妥。现已发现的遗址，居住区多集中在中部，一侧为密集的窖穴，另一侧为公共墓地。窖穴有圆形的、椭圆形的、不规则形的，其中前两种明显的是供贮存之用的。而且，在磁山文化遗址中确实有大批窖穴存有粮食。这只能说明，当时的粮食和其他食物原料是属于集体公有的，每个家庭只能按照规定取用。可以设想，主要的劳动也是集体进行的。即使是有些劳动如石器和陶器之类由少数人进行，那也是服务于集体的。这种集体是什么呢？从墓葬的材料看，它只能是氏族和部落。

第二章 华夏文明的前奏曲

有人对裴李岗文化的几处墓地进行分析研究[1],认为根据墓葬的分布和殉葬品的多寡,可以把每处墓地分为若干区组。每个小的区组为一家族,家族约七至九人;每个大的区组为一氏族,氏族约三十至五十人;若干氏族构成胞族或部落。例如,裴李岗下层墓葬为一氏族,上层墓葬属两个氏族,这同时也是一处部落墓地。应该说,裴李岗文化存在着氏族和部落,是不成问题的;但是不是存在着家族,就不一定了。因为,这里还没有发现后来那种墓葬分组的现象。而按殉葬陶器的多寡来分组,由于女性殉葬陶器一般偏多,显然是不够合理的。

现在可以肯定的是:①裴李岗文化时期的人们是以夫妻为生活单位的。因此,当时人不仅知母而且知父。但婚姻形态可能是夫从妻居,因而世系仍是按女方计算的。②在裴李岗遗址和莪沟北冈遗址中均发现一座男女合葬墓,贾湖遗址中且发现一座迁葬墓。北冈的合葬墓中为一成年妇女和一少年,有人判断其为母子,不妥。如云南永宁纳西族中,男女十三岁就是成年了,而且这里还有老夫少妻和老妻少夫的现象。所以两座合葬墓均应为夫妻墓,何况其中的少年还有

---

[1] 朱延平《裴李岗文化墓地再探》,《考古》一九八八年第一一期。

和成年人一样的殉葬品，说明他是按成年人入葬的！至于贾湖遗址中的迁葬墓，因为其中三人有二人尸骨不全，一个仅剩颅骨，无法判断他们之间的关系。不过有一点可以肯定，这类墓葬均为氏族中的祖支或嫡支，整个氏族部落都是由这一支繁衍出来的。这也表明，中国古代的祖先崇拜是由来已久的，后来的宗族谱系即由此发展而来。③在各墓区中，随葬品和墓穴的大小是不一致的。例如，裴李岗墓区的一百一十四座墓葬，多数为小墓，随葬品一至十件不等，且有两座墓的人骨颈下分别发现绿松石珠一枚和二枚。另有三座大墓，一座为夫妻合葬墓，随葬器物十四件；另两座单人墓分别随葬器物十八件和二十件。莪沟北冈的六十八座墓中，只有六十座有随葬品，多数二至八件不等；其中一座双人合葬墓随葬器物十四件。这里的九座墓中还挖有壁龛，随葬品是放在壁龛之中的。如何解释这种现象？看来这是由于在氏族部落中所处的地位和亲疏关系不同所决定的，而非取决于经济地位和财产关系。所以，作为氏族部落的成员都是平等的，这从各墓区葬式和头向的一致性可以看出来。例如，裴李岗墓区除一座双人墓外，余皆为单人仰身直肢葬，头向朝西或偏西南。但是，就她们和他们的社会地位和亲疏关系而言，彼此之间又是不平等的。

第二章 华夏文明的前奏曲

这种由血缘关系形成的不平等关系后来就发展为宗族与宗族之间、家族与家族之间以及家族内部和宗族内部的各成员之间的等级关系，成为中国古代社会的一大特色。

在裴李岗文化中，我们不仅可以看到祖先崇拜的现象以及灵魂不灭和神灵崇拜的现象，而且在贾湖遗址的墓葬中还发现了文字符号和龟灵崇拜的现象。

这里随葬龟壳和石子的墓已发现三座，即：M15、M16、M17。如M16，墓主是老年女性，除随葬一陶罐、陶壶和二枚穿孔绿松石珠外，还随葬龟壳三堆（约三个个体），置于胫骨下端；白石子约一百二十一枚，见于龟壳堆中；骨器二件及兽牙二件、皆置龟壳下。再如M17，墓主是一老年男性，随葬品除陶壶二件、陶罐一件、石斧二件、石锛一件外，还有龟壳七个（均碎裂），分三行排在胫骨上；龟壳中放有数量不等、颜色不一、形状多样的石子约九十八枚。骨器五件：一件置龟壳上，二件横列在膑骨上，还有二件置胫骨上的龟壳下。兽牙一件，置龟壳下。M15也随葬有龟壳和石子。其他还有单独随葬石子而无龟壳的。这种情况不见于其他裴李岗文化墓葬中，唯大汶口文化遗址发现十一座墓葬中随葬有龟甲，有的墓中葬有獠牙或猪门牙。这种习俗与贾湖墓葬中

53

随葬龟甲、兽牙的情况类似。① 从这种现象，我们不禁想起了关于伏羲氏画八卦的传说。据《易·系辞下》：

> 古者庖羲氏之王天下也，仰则观象于天，俯则观法于地，观鸟兽之文与地之宜，近取诸身，远取诸物，于是始作八卦，以通神明之德，以类万物之情。

传说中还讲到庖羲氏率领人民从事渔猎活动，"以佃以渔"，并"制俪皮嫁娶之礼"，解决人们的婚姻问题。这些，都多少可以和裴李岗文化相联系。当然，神话传说总不可能和考古文化直接对应起来，龟灵崇拜也不等于画八卦，但有一点可以肯定，即：龟灵崇拜是以存在天地鬼神为前提的，而占卜即在于探知天心地意。从这一点说，龟灵崇拜和占卜是基本一致的。有理由认为，贾湖遗址中殉有龟壳和石子的墓主，其生前具有巫师身份。龟壳和石子是按死者生前的身份有意埋入的。而且，龟壳旁边钻有小孔，这也是发人深思的。

裴李岗文化有一千多年的发展历程。在其开始，遗址的面积都比较小，如裴李岗遗址在洧水的一个转弯处的台地上，

---

① 河南省文物研究所《舞阳贾湖遗址的试掘》，《华夏考古》一九八八年第二期。

第二章 华夏文明的前奏曲

总面积两万平方米；莪沟北冈遗址在洧水和绥水交汇处的台地上，总面积仅八千平米。但此后的遗址面积有所扩大，如贾湖遗址的总面积即达五点五万平方米。最后，在磁山文化中，也有遗址面积达十万平方米左右者。如所周知，在原始聚落中，彼此都是平行的，相差不大。后来逐渐出现了中心聚落，在一般聚落中处于支配地位。裴李岗文化最后是不是已达到这个临界点呢？对此要由今后的考古工作来回答。

种种现象表明，裴李岗文化尽管还没有迈入文明社会，但其中确实包含着一些文明的因素和萌芽，不失为中国文明的前奏。可是，这种文化最后却在中原大地上消失了，如何解释这种现象呢？

有一种意见认为，继承裴李岗文化的是仰韶文化，尽管这两种文化在时代上有上千年的差距。如裴李岗遗址中出土的小口尖底双耳壶，即可视为仰韶文化小口尖底瓶的祖型器物；而且，在长葛石固遗址发现了仰韶文化叠压裴李岗文化之上的地层关系。不过，对中国的原始文化稍作梳理即可发现，这种见解似乎难以成立。

现在已可以确定：仰韶文化的前身为大地湾（下层）老官台文化和大地湾李家村文化。大地湾老官台文化分布于秦陇神州文化集成地区，大地湾李家村文化分布于汉水和丹水

55

流域。有人曾将这种文化和裴李岗文化进行了对比，认为它们是两种不同的考古文化。① 仰韶文化既然和大地湾老官台文化及大地湾李家村文化有直接继承关系，当然就不可能再继承裴李岗文化和磁山文化。再说，仰韶文化的早期到目前为止只见于关中地区，如西安半坡类型，其时间可早到公元前四千八百年，接近五千年。可是，中原地区的仰韶文化均属于中、晚期的，其时间最早者也只是公元前四千三百年。因此，中原地区的仰韶文化和裴李岗文化之间在时间上就有上千年的差距。这种情况表明：仰韶文化是从秦陇地区向东发展到中原的。因此就提出了如下问题：裴李岗文化是不是被仰韶文化逼出中原大地，或者在其与仰韶文化发生碰撞后自动撤出中原的呢？现已查明：大地湾老官台文化的分布区域已东达华山附近，如渭南、华县等地都发现了老官台文化的遗址，而这些地方和豫西三门峡地区以及晋南运城盆地后来是属于一个地区性文化圈的。由于在渑池也发现有裴李岗文化遗址，所以有理由指望，在三门峡地区发现这两种文化的交错关系，找到老官台文化东下中原的线索。

现在的问题是：裴李岗文化的去向，它到哪里去了呢？

---

① 林学晋、游学华《陕南甘东的先仰韶文化》，文物与考古论集，《文物出版社》一九八六年出版。

第二章 华夏文明的前奏曲

就目前所知，淅川下王岗文化对裴李岗文化有承袭关系。[①]在方城大张庄曾发现裴李岗文化的遗址，方城西临南阳，所以很有可能，下王岗文化是裴李岗文化向豫西南发展的产物。过去我们把下王岗文化归入仰韶文化的范畴是成问题的。别的不说，下王岗文化早期和仰韶文化半坡类型的年代大致相同，甚至还早一些，它怎么会属于仰韶文化呢？如然，我们就必须有确凿的证据，证明它是早于半坡从大地湾老官台文化发展而来的。这样说并不排除下王岗文化受仰韶文化的影响。由于下王岗文化延续的时期较长，而鄂、豫、陕之间又是多种文化交错之地，所以它后来受到仰韶文化的影响，是完全有可能的。

下王岗文化和仰韶文化是并行发展而互有影响的两种文化，后来它又受到从南方来的屈家岭文化的压迫，退出了豫西南地区。它到哪里去了呢？很有可能，它又向北进入伊洛流域和豫中地区了。

先说屈家岭文化。它以首先发现于湖北京山屈家岭而得名，主要分布于两湖地区，后来向北发展，逼走了下王岗文化。所以，淅川黄楝树遗址的文化层叠压关系是：下王岗文化、

[①] 杨肇清《试论淅川下王岗仰韶一期文化的渊源》，《论仰韶文化》，（《中原文物》一九八六年特刊）。

屈家岭文化、中原尼山文化。下王岗遗址有五层文化相叠压，自下而上依次是：下王岗文化、屈家岭文化、龙山文化、早期商文化、西周文化。淅川丹江沿岸发现的屈家岭文化遗址有二十多处，说明屈家岭文化确实是由南向北发展的。

屈家岭文化遗存不仅发现于豫西南地区，而且在豫南信阳地区和驻马店地区的不少地方也发现有屈家岭文化的遗存。这些地方为仰韶文化所不及，其前有裴李岗文化，我们是不是由此可以得出结论：说这些地方继承裴李岗文化的是屈家岭文化呢？

不仅如此，在平顶山寺冈，禹县谷水河以至郑州大河村等许多地方，也都发现有屈家岭文化的遗存。这表明，屈家岭文化在河南的分布已从豫西南扩大至颍河、汝河和洪河上游，影响达到黄河南岸。诚然，河南各地的屈家岭文化遗存大都是属于晚期的，但它自南而北逼走了下王岗文化则是毫无疑问的。

无论是仰韶文化还是屈家岭文化，它们都未曾到达豫东地区。在这里发现的基本上是大汶口文化的遗存。如商水章华台、郸城段寨的大汶口文化遗址，就是相当纯粹的。商水也有裴李岗文化遗存，而贾湖遗址中的龟灵崇拜现象后来也见于大汶口文化，这就不能不令人考虑裴李岗文化和大汶口

第二章 华夏文明的前奏曲

文化的关系。

众所公认,大汶口文化的前身是北辛文化,北辛文化和裴李岗文化的关系如何呢?有人经过对比,认为北辛文化和磁山文化特别是裴李岗文化的一些器物,是相当接近的。[①]如椭圆三角形石磨盘,既见于裴李岗文化,更见于磁山文化,在北辛文化中也是常见的器物。北辛文化中虽不见细锯齿刃石镰刀,但却有锯齿刃蚌镰,除质地不同外,和锯齿刃石镰无大差别。陶器中如三足钵形鼎、罐形鼎、小口双耳罐、三足壶等等,彼此也是大同小异的。据此,我们不妨称裴李岗磁山文化和北辛文化为姊妹文化。

值得注意的是,最近在安徽淮北发现了一种介于裴李岗文化和北辛文化之间的早期新石器文化。[②]这样,就把裴李岗文化和北辛文化串接起来了。我们知道,北辛文化的年代和磁山文化的大约相当,而晚于裴李岗文化,对淮北这种新石器文化目前还不知其年代,但北辛文化是不是经由它受裴李岗文化的影响而产生的呢?这不能不说是一个值得考虑的问题。

---

① 吴汝祚《北辛文化》,《中国原始文化论集》,文物出版社一九八九年出版。
② 安徽省文物考古研究所《安徽濉溪石山子新石器时代遗址》,《考古》一九九二年第三期。

无论如何,有一点是可以肯定的,即继上述早期新石器文化之后,在今豫东经安徽淮北到海岱地区,存在的都是大汶口文化。所以,大汶口文化不仅继承了北辛文化,也继承或吸取了裴李岗磁山文化等的因素,因而它在同时代的诸文化中可以说是最发达的。其在华夏文明的形成过程中的作用也是不容忽视的。

华夏文明形成于中原地区,豫北的情况又如何呢?这里继裴李岗磁山文化之后出现的是后岗一期文化的两个类型(后岗类型和大司空村类型)。以往人们视之为仰韶文化后岗类型和大司空村类型,但近来有不少人士认为:后岗一期文化不属于仰韶文化的范畴,大司空村类型当另有所归。后岗一期文化和裴李岗磁山文化有直接继承关系。大司空村类型是从何而来的呢?

近年来,在河北易县北福地的考古发掘为这个问题提供了某些线索。北福地遗址可分为一、二、三期。一期又分两个类型,其年代均和磁山文化相当。据原报告中说:"北福地遗址第一期的甲乙两类遗存是这次工作的重要收获,两者都具有较早的时代特征。乙类遗存尤其明显,文化面貌与磁山文化的某些因素相同,年代应大体相当。甲类遗存的釜与支脚相配套的复合式炊器与磁山文化的复合式炊器有共同的时代特点,年代应早于河北境内后岗一期文化的四十里坡类型、南阳庄类型和下潘汪类型。包括炭山遗址 H1 为代表的甲类遗存已萌生了四十里坡类型的某些因素，如夹砂陶小口壶、钵、釜，器形非常接近，两者应有文化上的渊源关系。甲类遗存的发现，排除了磁山文化是后岗一期文化直接前身的认识。"[1]

这是一条很好的信息，问题终于有了眉目。不过，把河北境内晚于磁山文化的新石器时代文化笼统地称之谓后岗一期文化，又把问题弄模糊了。事实是，南阳庄类型属后岗一期文化，它同磁山文化是有承袭关系的；下潘汪类型同三关类型、钓鱼台类型有关系，尽管它受到了后岗一期文化的影响，但却属于仰韶文化系统；至于四十里坡类型，则可归入大司空村类型系统。北福地遗址第一期甲类遗存既同四十里坡类型有关系，也就提供了大司空村类型的来历，它主要是继承从北方来的一种文化发展而来的,同磁山文化没有承袭关系。

如前所说，太皋、少皋和蚩尤属古夷人集团，确切说是古夷人的宗神。其考古文化上的反映自应是大汶口文化及其前身北辛文化，后岗一期文化及其前身裴李岗磁山文化。炎帝是古氏羌之宗神，其在考古文化上的反映应是仰韶文化及

---

[1] 拒马河考古队：《河北易县涞水古遗址试掘报告》，《考古学报》一九八八年第四期。

其前身大地湾老官台文化。黄帝是北方古戎狄的宗神，其考古文化虽不能确指，但由他联合炎帝打败蚩尤，南下中原，应该说在考古上已有线索。大司空村类型的分布区可达冀西北桑干河、大洋河流域，这是发人深思的。

说到这里，顺便提一下北福地遗址一期乙类遗存，也许有助于我们考虑这个问题。据原报告说：

值得重视的是，乙类遗存的石碗尚属首次发现。在我国已知的新石器时代文化中，如老官台、磁山、裴李岗等，均未见过石容器。年代大体相当的西亚耶莫文化及晚于此期的萨玛腊文化中都有大量的石碗。这次新的发现表明，我国也存在石容器与陶器共存的阶段。饶有趣味的是，石碗表皮的琢痕相当精细，独具匠心，或与篦纹有相似之处，从其熟练程度分析，当有较长的历史传统。这时期刻画的人面图形造型奇特，手法别致。人面图形多刻在盂的外壁，而眼嘴则以透雕镂空表示，失去了器物的实用功能，可能与原始宗教活动有关。

这些，是不是有助于我们理解黄、炎、蚩尤之战中那些稀奇古怪的神话呢？

第三章　华夏文明的诞生

第一节　在天地断裂中横空出世

　　华夏文明是在一次又一次的搏击冲撞和交汇融通中诞生的。这里边有无数悲欢离合的动人故事，给后人留下了永不磨灭的印象。他们据此编制出来一个又一个惊天动地、可歌可泣的神话。在这些神话中，除黄、炎、蚩尤之间的循环大战外，最引人注目的则要数继之而来的帝颛顼和共工氏之间的战争。《淮南子·天文训》在谈到天地的生成时说：

　　昔者共工与颛顼争为帝，怒而触不周之山，天柱折，地维绝。天倾西北，故日月星辰移焉；地不满东南，故水潦尘埃归焉。

毫无疑问，这是一则破天荒的神话，共工氏怎么能把天地撞得东歪西斜呢？实际的情况可能是由水患而发生纠纷的。如前所说，共工氏居伊洛流域，"欲壅防百川，堕高烟庳，以害天下"。另据《淮南子·本经训》："共工振滔洪水，以薄空桑"。这就要和帝颛顼发生利害关系了。

据《左传》昭公十七年："卫，颛顼之虚也，故为帝丘。"其地当今河南濮阳，正处于古黄河之南。另据《吕氏春秋·古乐篇》："颛顼生自若水，实处空桑，乃登为帝。"若水，历来以为是蜀之若水，即今四川之雅砻江，实误。按若、汝音同义通，故若水即今河南中部之汝水。从汝水到濮阳地区，正是颛顼部活动的地方，所以断为汝水是非常合理的。至于四川之若水，则是由于后来有一些颛顼后裔活动到了那里，也把原来的水名带过去了。空桑，照清代学者据《山海经》考证，其地有三：①在莘、虢之间，今河南陕县境内；②在赵、代之间，今山西北部桑干河流域；③在古兖州境，今山东西南部。这三个地方均与上述空桑之地不合。按古有空桑、穷桑和扶桑。扶桑指日出的地方，穷桑在曲阜，空桑地当陈留，今属开封，其北就是濮阳了。古黄河从今武陟折而北流，至浚县大伾山又折向东流，经内黄、濮阳间后再折而北流，在今天津南入渤海。黄河自古就是铜头、铁尾、豆腐腰，其腰身古代在今浚县至内黄段。所以，共工从上游"振滔洪水，以薄空桑"，就直接威胁到颛顼部生命财产的安全。因此，双方发生了战争。结果，共工战败，颛顼称帝。

颛顼与共工之争反映的实际上是黄河中上游和中下游的氏族部落群体之间的矛盾与冲突，不过借地理形势来表达罢了。当然，说这种地理形势是共工一头撞崩不周山而形成的，就不免是神话了。由于这个神话反映的实际上是黄河流域的氏族部落群之争，所以它一再以改头换面的形式出现，唐人司马贞为《史记》补作《三皇本纪》，把颛顼换成了祝融，说：

当其末年也，诸侯有共工氏，任智刑以强，霸而不王，以水乘木，乃与祝融战，不胜而怒，乃头触不周山崩，天柱折，地维缺。

这里的"当其末年也"乃指女娲。据《淮南子·览冥训》记载，女娲氏也有一篇开天辟地的神话：

往古之时，四极废，九州裂。天不兼覆，地不周载。火爁炎而不灭，水浩洋而不息。猛兽食颛民，鸷鸟攫老弱。于是，女娲炼五色石以补苍天，断鳌足以立四极，杀黑龙以济冀州，积芦灰以止淫水。苍天补，四极正，淫水涸，冀州平。狡虫死，颛民生。

这就是说，天塌地陷经女娲修补好了。至于西北高而东南低，那是共工闯的大祸，把女娲刚修补好的天地又撞歪了。司马贞所以把女娲搬出来，其原因可能就在这里。

传说女娲氏不仅修补好了天地，而且还抟土造人，其功大矣。因此，有以伏羲、女娲、神农为三皇者。

当然，这也只是一种神话。其原始的素材可能是精卫填海。据《山海经·北次三经》记载："炎帝之少女名曰女娃，女娃游于东海，溺而不返，故为精卫，常衔西山之木石以堙于东海。"由女娃音转而为女娲。从精卫填海就演化出女娲修补天地来。

如前所说，这是一支沿河洛东下的古羌人。他们在途中可能与太皞、蚩尤余部发生过关系，所以伏羲和女娲成了兄妹。而且，兄妹结婚，并人首蛇身。在汉画像石上，伏羲、女娲均作人首蛇身而互交其尾，就形象地说明了这种神话。由于这支古羌人是从西方来的，途中和太皞、蚩尤余部发生过友好关系，所以至今甘肃秦安有女娲台；伏羲氏也随之西上，今天水仍有伏羲庙。

第三章 华夏文明的诞生

共工和颛顼或祝融之争反映的是黄河中上游和中下游的氏族部落群之间的利害冲突关系,女娲和伏羲的神话故事反映的是彼此之间的友好关系。而且,这种友好关系还传至南方,至今在苗族中还是尊奉伏羲、女娲和蚩尤的,其传播媒介可能还是帝颛顼,当然也不排除与祝融有关系。

在神话传说中,帝颛顼的确是一位了不起的伟大人物。这不仅由于他战胜共工而为帝,更重要的是他进行了一次"绝地天通"的社会改革。其说见《国语·楚语》下:

及少皞之衰也,九黎乱德,民神杂糅,不可方物。夫人作享,家为巫史,无有要质。民匮于祀,而不知其福。烝享无度,民神同位。民渎齐盟,无有严威。神狎民则,不蠲其为。嘉生不降,无物以享。祸灾荐臻,莫尽其气。颛顼受之,乃命南正重司天以属神,命火正黎司地以属民,使复旧常,无相侵渎,是谓绝地天通。

这里讲的"及少皞之衰也,九黎乱德",不是氏族部落之间的纠纷和战争,而是社会内部出了问题。其表现主要是:"夫人作享,家为巫史",即人人作享,祭祀天地鬼神。这样,每人都可以代表神灵,家家都成了巫史,人与神之间的界限

67

完全消失了。结果是，人与人之间互相侵渎，什么盟约都不灵了，什么信物都无效了，社会秩序为之大乱。天时因此也不顺事，作物也长不好了。在这当儿，颛顼站了出来，"命南正重司天以属神，命火正黎司地以属民"，解救了社会的危机。所谓"司天以属神"，实际上是观察天象。在古人眼里，日月星辰、风雨雷电等等，都是有神的，所以观察天象叫做"司天以属神"。例如，日食和月蚀在古人看来都是由神灵在作怪，所以都要祭祀。"司地以属民"，实际上是管理农事。古代有火历，以火星来纪时，故火正即历正。按照季节和气候进行农作，解决人民的衣食问题，也就是"司地以属民"了。当然，相应的祭祀也是少不了的。如播种时要祭祀，收获后要祭祀。按后世的历法说，播种大约在初夏，收获约当秋冬之际。总之，天上人间各有其司，专职的祭司出现了。所以，"绝地天通"是一次重大的社会改革，它预示着文明社会就要到来。

当然，人神之间的交通并没有完全断绝，只是一般人不能再与神灵交往，只有巫师祭司才能与神灵交往罢了。不仅如此，一些巫师祭司还成了人神不分的人物。如《左传》昭公二十九年就有这样的记载："少皞氏有四叔：曰重、曰该、曰修、曰熙，实能金、木及水。使重为句芒，该为蓐收，修及熙为玄冥，世不失职，遂济穷桑。"这里说的"重"是不是那位南正重，姑且勿论。但句芒为木正，又指岁星；蓐收为金正，又指金星；玄冥为水正，又指辰星，则是没有问题的。如《淮南子·天文训》中说：

何为五星？东方木也，其帝太皞，其佐句芒，执规而治春，其神为岁星，其兽苍龙，其音角，其日甲乙。南方火也，其帝炎帝，其佐朱明（即祝融），执衡而治夏，其神为荧惑，其兽朱鸟，其音徵，其日丙丁。中央土也，其帝黄帝，其佐后土，执绳而治四方，其神为镇星，其兽黄龙，其音宫，其日戊己。西方金也，其帝少皞，其佐蓐收，执矩而治秋，其神为太白，其兽白虎，其音商，其日庚辛。北方水也，其帝颛顼，其佐玄冥，执权而治冬，其神为辰星，其兽玄武，其音羽，其日壬癸。

在这里，天下地上，人神之间是合而为一的。若有若无，若实若虚，虚实有无，混然一体。少皞之四叔也是这样，他们既在人间分担一定的职官，又应天上相关的星座，他们是作为这些星座之神下到人间担任相应的职官的。天人对应，岁时各得其正，人事各得其理，于是少皞氏"遂济穷桑"而有天下。

69

当然，这一切都出自后人的安排，但后人这种安排自有它的来头，其来头就是观象授时。在古人的眼里，担任这种职务的人就是神乎其神的人物。

说到观象授时，当其任者自然是火正，所以史书中多提到火正黎而很少提到南正重。如《左传》昭公二十九年："颛顼氏有子曰犁，为祝融。"《国语·郑语》说："黎为高辛氏火正。"《史记·楚世家》中甚至把重黎合为一人，说"重黎为帝喾高辛居（当为氏之误）火正，甚有功，能光融天下，帝喾命曰祝融。共工氏作乱，帝喾使重黎诛之而不尽。帝乃以庚寅日诛重黎，而以其弟吴回为重黎后，复居火正，为祝融"。说实在的，南正这个差事在于观察何时日南至，他和火正之职任是难以分开的。

帝颛顼有这么大的本领，真可谓通天教主了。后人也是这样解释的，说"颛者，为专正天之道也"。其实，他并非实有其人，而是特定氏族部落之神。帝颛顼即高阳氏，属尊奉太阳神的氏族部落。据《左传》文公十八年载："昔高阳氏有才子八人：苍舒、隤敳、梼戭、大临、尨降、庭坚、仲容、叔达，齐圣广渊，明允笃诚，天下之民谓之八恺。"这八恺在初就是八个氏族，构成一个近亲部落。

颛顼之后为祝融，这八个氏族后来就发展为祝融八姓。《国

第三章 华夏文明的诞生

语·郑语》说他"淳曜敦大，天明地德，光照四海"。可见他也是一位了不起的人物。同书又说：

祝融亦能昭显天地之光明，以生柔嘉材者也，其后八姓于周未有侯伯。佐制物于前代者，昆吾为夏伯矣，大彭、豕韦为商伯矣，当周未有。己姓：昆吾、苏、顾、温、董；董姓：鬷夷、豢龙，则夏灭之矣。彭姓：彭祖、豕韦、诸稽，则商灭之矣。秃姓：舟人，则周灭之矣。妘姓：邬、郐、路、偪阳；曹姓：邹、莒，皆为采卫，或在王室，或在夷狄，莫之数也；而又无令闻，必不兴矣。斟姓无后。融之兴者，其在芈姓乎！芈姓夔越不足命也，蛮越蛮矣，唯荆实有令德，若周衰其必兴矣！

另据《世本》（茆泮林辑本），高阳生称，称生老童，老童生重黎及吴回，吴回生陆终。其后：

"陆终娶鬼方氏之妹，谓之女嬇，是生六子。孕三年，启其左胁，三人出焉；破其右胁，三人出焉。

其一曰樊，是为昆吾。昆吾者，卫是也。

二曰惠连，是为参胡。参胡者，韩是也。

71

三曰籛铿，是为彭祖。彭祖者，彭城是也。

四曰求言，是为郐人。郐人者，郑是也。

其五曰晏安，是为曹姓。曹姓者，邾是也。

六曰季连，是为芈姓。芈姓者，楚是也。"

《史记·楚世家》的说法与此大同小异，而与《国语·郑语》的说法颇有出入。盖传闻之不同，难以考究其实。不过，八姓之说似乎更准确一些。

不管怎么说，这都是一个雄踞于中原的部落群体，因而后来建立了许多国家。如："郑，祝融之虚也。"其地在今之新郑。且"祝融作市"，和四方是有交往的。再如："卫侯梦于北宫，见人登昆吾之观"和"登此昆吾之虚"，其地在今濮阳。楚灵王说："昔我皇祖伯父昆吾，旧许是宅，"其地在今许昌。仅此亦可见帝颛顼当年之神威了。

帝颛顼高阳氏之所以能雄踞中原，还由于他和高辛氏有亲密的联盟，故二者难解难分，多有互混之处。如说"黎为高辛氏火正"，高辛氏命重黎诛共工等等。实则，高辛氏另是一个部落群体。据《左传》文公十八年载：

高辛氏有才子八人：伯奋、仲堪、叔献、季仲、伯虎、仲熊、叔豹、季狸，忠肃恭懿，宣慈惠和，天下之民谓之八元。

八元与八恺合称"十六族"，可见二者的亲近关系。高辛氏，有以为即帝喾。《帝王世纪》中说："帝喾生而神异，自言其名曰夋。"如然，高阳氏就是帝夋了。《山海经·海内经》中说："帝俊有子八人，是始为歌舞。"与此相合。同书《大荒南经》还说"帝俊生季狸"，更证明帝俊即高辛氏。不过，同书《大荒东经》说："帝俊生仲容"，就又把高辛氏和高阳氏相混了。这种互混之例非一，如陈国为帝舜之后，可是《左传》中却说："陈，颛顼之族也。"为什么高阳氏和高辛氏彼此互混？这可能是由于在对共工的战争中，他们是并肩战斗的。当然也有例外，如《左传》昭公元年谈道：

昔高辛氏有二子：伯曰阏伯，季曰实沈，居于旷林，不相能也，日寻干戈，以相征讨。后帝不臧，迁阏伯于商丘，主辰，商人是因，故辰为商星；迁实沈于大夏，主参，唐人是因，以服事夏商。

不过，这里也有纠缠不清的问题。其中，商丘有以为在漳南者，而《水经注》瓠子河条下则径以商丘为帝丘，这就和帝颛顼之虚合一了。

其实，不止高阳氏和高辛氏有相混之处，颛顼部和皋陶部也混了，伯益部和颛顼部也是混通的。据《史记·秦本纪》：

秦之先，帝颛顼之苗裔孙、曰女修。女修织，玄鸟陨卵，女修吞之，生子大业。大业取少典之子，曰女华。女华生大费，与禹平水土。已成，帝锡玄圭。禹受曰："非予能成，亦大费为辅。"帝舜曰："咨尔费，赞禹功，其赐尔皂游。尔后嗣将大出。"乃妻之姚姓之玉女。大费拜受，佐舜调驯鸟兽，鸟兽多驯服，是为柏翳。舜赐姓嬴氏。

柏翳即伯益，在这里他是作为颛顼的后裔出现的。颛顼为玄冥，故秦始皇统一后以水德代周之火德。秦还用颛顼历。近年从秦公大墓出土的器物铭文且有"高阳有灵"之句。这一切都证明太史公的记载非出于杜撰，颛顼高阳氏和伯益部确实相混了。

颛顼部和夏后氏也有混通之处。古本《竹书纪年》中说："颛顼产伯鲧，是维若阳。"《世本》中则直接说："颛顼产鲧。"鲧即梼杌。在《左传》中，他是作为高阳氏的不才子被提出来的。不管他是才子还是不才子，一般认为他是禹的父亲。这样，

第三章　华夏文明的诞生

禹就是颛顼的孙子了，这不是混通了吗？

颛顼和苗蛮以至蜀人也有关系。有一种说法，颛顼有三个儿子，其中一个居江水，化为鬼，指的就是苗蛮。至于颛顼的后裔到了巴蜀，《华阳国志》中是直接了当提出来的。

话说回来，高阳氏和高辛氏又何尝那么纯粹呢？如祝融八姓中之己姓：昆吾、苏、顾、温、董，同黄帝十二姓中之"唯青阳与夷鼓同为己姓"，二者就是完全一致的。且顾、雇、鼓不分，夷鼓与顾很难说没有关系。再说，"陆终娶于鬼方氏之妹，谓之女隤，是生六子"，鬼方属于戎狄。祝融八姓中起码有六姓是和戎狄混血生成的。

顺带指出，所谓"唯青阳与苍林同于黄帝，故皆为姬姓"，也不是无迹可寻的。直到春秋时在今山东西南部还有几个姬姓小国，如阳国，在今沂水县；极国，在今鱼台县；郜国，在今济宁市。据说青阳就是少皋，他们是不是黄帝之子苍林和少皋氏的混血后裔呢？

这些以及类似的事例说明：在中原大地上，原来各不相同的氏族部落群体后来经过冲突而互相融合了。在黄、炎、蚩尤之间进行循环战争的时候，他们还是各不相同的氏族部落群体，到颛顼和共工大战之后，他们开始走到一起来了。我们知道，原始时代的部落战争常常以和平结盟而结束，而

75

和平联盟的结果一般都会形成新的社会共同体。华夏族就是这样产生的。

我曾经说过,在中国古往的历史上本来无所谓华夏,认为中国自古就存在着一个华夏集团,这是错误的。华夏族是由后来所说的蛮、夷、戎、狄中各一部分在中原大地上融汇而成的,所谓蛮、夷、戎、狄只是还未汇入华夏族的部分而已。就拿颛顼的后裔来说,据《史记·楚世家》:楚国之祖"季连生附沮,附沮生穴熊。其后中微,或在中国,或在蛮夷,弗能纪其世"。在中国者自然是华夏,在蛮夷者就不用说了。再以黄帝之十二姓来说,除其中大多不可考者外,如狄人中之白狄鲜虞、肥、鼓为猃姓,而华夏族中是没有这一姓的。黄帝之姬姓中也有华夏和戎狄,如见于春秋时期的骊戎和狐戎,均为姬姓。这也可以说是或在中国,或在戎狄吧!黄帝之后的任姓和戎狄也是分不开的。

不仅如此,在华夏族形成的过程中,仍然有分离出去成为蛮夷戎狄者。如春秋时被楚国灭掉的夔国(在今四川奉节),就因"自窜于夔而蛮",连自己的祖先祝融与熊绎也不祭祀了。这就成了楚国灭掉它的借口。再如,晋惠公从瓜州(今敦煌)招来的一支羌戎,自称是梼杌的后代,也就是禹父鲧的后世子孙了。华夏族就是在这种分散聚合的过程中形成的。合而为华夏，分而为蛮夷戎狄。把华夏和蛮夷戎狄看作一成不变的民族共同体，同样是错误的。

严格地说，华夏族是混合种人，而蛮夷戎狄则是比较纯的。正由于此，它能汲取不同的文化而形成一种新文化。脱出原有的氏族部落共同体而形成为民族共同体，至少是从血缘部落联合体发展为地域部落联合体。也由于此，它才率先跨进文明的门槛，发展为中国文明的主流。所以，华夏族的诞生就标志着与之相应的文明社会已经来临了。

第二节　考古学的反馈

这里用了一个新名词叫反馈。所谓反馈，是针对考古文化和神话传说的关系而言的。神话传说都有真实的历史素地，时代越晚就越是如此。这种真实的历史素地就是相应的考古文化。一定的考古文化和某种神话传说是可以对应起来的。过去我们不知道神话传说的真实历史内涵，就神话传说来谈神话传说，以至认为神话传说都是伪造的，由此提出层累地造成的历史说。即神话传说是由一代又一代人反复增饰加码积累而成的，缺乏真实的历史根据。现代考古学的发展，证明不少神话传说都有其相应的考古文化，这就把神话传说的真实历史内涵揭示出来了。考古文化可谓无字地书,用这种无字地书揭开神话传说的光怪陆离的面纱,还其历史面目,也可说是反馈。当然,这种反馈只是通过考古学反射出神话传说的历史图象;而不是把神话传说按原样挖掘出来。神话传说也可能以物化的形式而存在并被发掘出来,但那不过证明历史上有此神话传说而已。如汉画像石上的伏羲、女娲像,就是这样。它并不能作为历史的映象,而它的历史内涵反而是需要另行探索的。

公元前三千年前,中原大地上可谓四马分肥:其南部至豫中为屈家岭文化,西部至豫中为仰韶文化,东部至豫中为大汶口文化,豫北自冀南至豫中也为仰韶文化。按以往的说法,仰韶文化自西而东有半坡类型、庙底沟类型、西王村类型、下王岗类型、王湾类型或大河村类型、后岗类型和大司空类型等等。这里先从屈家岭文化谈起。

屈家岭文化以首先发现于湖北京山屈家岭而得名,其中心分布区域在两湖长江中游至汉水流域。因此,豫南的屈家岭文化是它由南向北发展的产物。前已指出,淅川下王岗的文化层叠压关系是:屈家岭文化下压仰韶文化,可见它是驱逐了这里的仰韶文化居民进入中原的。这个地区,西连秦岭,东接桐柏山,中间有随枣走廊,自古就是南北交往的通道。

第三章 华夏文明的诞生

屈家岭文化北上中原,大概也经过这条路线。在中原大地上现已发现的屈家岭文化遗存也以南阳地区最多,共有二十多处。此外就是信阳地区了。自此以北,在上蔡的十里铺、段寨、钓鱼台、蟾虎寺和晒书台,平顶山寺岗,禹县谷水河,以至郑州大河村等许多地方,也都发现有屈家岭文化的遗迹或遗物。

屈家岭文化存在的年代,经碳14测定,上限为公元前3070年下限为公元前2695年。中原发现的屈家岭文化属于晚期,如淅川黄楝树遗址,经测定接近其下限,这也说明它是由南向北发展的。不过,我们也不能排除中原有屈家岭文化早期的遗物。如郑州大河村遗址出土有屈家岭文化的陶釜等器物,而大河村遗址的年代下限和屈家岭文化的上限是比较接近的。

长江中游的史前文化有着悠久的历史,其早期可达八千多年以前,和裴李岗文化的年代不相上下;中期的大溪文化,经测定的年代为公元前4485—公元前3380年。所以,继之而起的屈家岭文化已达到它的全盛时期,临近了文明社会的边缘。屈家岭文化的农业以种植水稻为主,品种已有籼稻和粳稻;同时还有渔猎并饲养家畜,特别是养猪。在手工业方面,无论石器、骨蚌器还是陶器,都是相当发达的。纺织业尤其发达,如黄楝树遗址出土有各式各色的陶纺轮二百六十三个,

79

这在全国同类遗址中是极为罕见的。因此，这时已出现了个体家庭和私有财产，若干这样的近亲家庭构成一个家族，家族之上可能还有宗族。如黄楝树遗址共发掘出方形和长方形房基二十五座，整齐地分为两排，共同构成一个村落。其中十八座为单间房子，七座为双间房子。面积一般在十平方米左右，个别有二十平方米的。房基中出土器物数量不一，最多的如十一号双间房屋，内外两间共有二十九件。在墓葬中有个别墓是葬有猪颚骨的。从这些材料，我们不难窥见其社会结构和财富分化的现象已临近文明社会的边缘了。屈家岭文化之间的扩展，其动因恐怕也在这里。

屈家岭文化向中原地区扩展是值得注意的，大汶口文化向中原地区的大扩散尤其值得注意。就目前所知，豫东周口地区、豫南驻马店和信阳地区、豫中的郑州市、平顶山市和许昌地区、豫西洛阳地区，都发现了大汶口文化的遗存，其中有商水章华台，郸城段寨，郑州大河村，鄢陵古城，平顶山寺岗，偃师滑城、二里头，禹县谷水河，临汝大张，孟津寺河南，上蔡十里铺、段寨、钓鱼台、蟾虎寺和晒书台，信阳阳山等，共约二十来处。估计这类遗存今后还会不断有所发现，继续丰富中原大地上的考古文化。现举数例具体说明如下①：

商水章华台遗址发现一处大汶口文化墓地。遗址东西长一百四十米，南北宽一百二十米。墓地在遗址的西南部，在这里发现一些人骨架和随葬陶器近二十件。陶器有鬹、鼎、长颈盉、盘形高粗柄镂孔豆、高柄杯、觚形杯、宽肩壶、背壶等，全为大汶口文化器物。可见，章华台是一处大汶口文化遗址。

郸城段寨遗址曾多次发现白陶鬹、褐陶鬹、盘形豆、罐形豆、宽肩壶、簋形器、宽边罐、高柄杯等大汶口文化陶器和人骨架。后经试掘，发现两座墓葬。一座为直径一点一二至一点二米的圆形土坑墓，骨架紊乱，仅存头骨、肩胛骨、肋骨、脚趾骨，可能是二次葬。出土器物有高领壶、小杯、鼎、器盖等残陶器。经鉴定，头骨属一成年女性，从其外侧门齿的齿痕早已愈合的情况看，她这颗牙齿早已拔掉了。大汶口文化的居民有拔牙习俗，可知她是属于大汶口文化的。另一座为长二点九、宽一点三一米的土坑墓，墓主仰身直肢，头向东。骨架南侧放置随葬品，计有高足杯、盘形粗柄镂孔豆、高领釜形鼎、背壶各一件。墓坑东壁下还有残石铲和石臂。

---

① 参考杨育彬《河南考古》，中州古籍出版社一九八五年出版。

腰骨及股骨间放有猪牙,这也是大汶口文化中的习俗。经鉴定,死者为一老年男性。此外,这里还发掘出十一个大汶口文化窖穴和二个龙山文化窖穴。由于发掘不够全面,我们不知道其文化层的叠压关系。如按龙山文化晚于大汶口文化而论,段寨在初为一大汶口文化遗址,似乎不成问题。

此外,在平顶山寺岗遗址也发现一座大汶口文化墓葬。这是一座南北向长方形竖穴土坑墓,为单人仰身直肢葬,头向北,随葬器物有鬶、豆(五件)、高柄杯、觚形器、圈足尊和长颈壶等大汶口文化陶器。不过,我们还不能肯定这里完全是一处大汶口文化遗址。

在中原大地上发现的大汶口文化,一类为墓葬和遗址;另一类则是和其他文化混出的,即其他文化中含有大汶口文化遗存,或者说大汶口文化渗入了其他文化。例如:

郑州大河村仰韶文化遗址,在其晚期文化堆积层中出土有细泥灰陶尊、背壶、敛口盉等和大汶口文化陶器十分接近的器物。

禹县谷水河遗址有仰韶文化晚期至龙山文化早期的文化堆积层。在龙山文化层中出土有盆形豆、罐形豆、长颈壶、宽肩壶、觚形杯、镂孔高足杯、深腹罐、袋足鬶等一批大汶口文化陶器。

第三章　华夏文明的诞生

偃师古滑城北墙中段南侧下发现一座墓葬，墓室呈东西向长方形，人骨架头向略偏东北，随葬陶器八件。其中高领罐、小圆罐、小杯和器盖属龙山文化早期之物，而高足杯、觚形杯（二件）、小背壶则为大汶口文化器物。

孟津寺河南遗址除出土龙山文化早期器物之外，也发现了和大汶口文化同类器物相似的泥质红陶高足杯等陶器。

在中原大地上发现的大汶口文化遗存以这一类为多，只不过在豫南是屈家岭文化和大汶口文化交错分布，豫中以西是仰韶文化和龙山文化与大汶口文化交错分布而已。从整体上看，除豫东地区外，中原大地自河以南是屈家岭文化、仰韶文化、大汶口文化三者大插花的局面。这种现象说明中原地区是各种原始文化汇集的地方，同时也说明不少神话传说都是有其真实的历史背景的。

我曾经说过，屈家岭文化属苗蛮群体，现在我国南方不少民族都是苗蛮的后代。但何以苗族中尊奉伏羲、女娲和蚩尤呢？过去我们对这个问题不得其解，以为伏羲、女娲本来就是属于苗蛮集团的。现在我们从屈家岭文化和大汶口文化交叉分布的情况可以推知，这是两种文化汇合的结果。最近获悉，在湖北枣阳也发现了大汶口文化的遗存，这就更加证实了我们的推断是正确的。如果说大汶口文化属于夷人，显

83

然有一些夷人在五千年前就和一些苗蛮混血了。

今日南方许多少数民族之有关于伏羲、女娲、蚩尤、高辛、帝舜等的传说，可以从大汶口文化和屈家岭文化在中原大地上之接触和融汇找到启示。同时也说明，它们在融汇之后并没有留在中原，而是向南方退走了。其原因是华夏族形成时对他们的压迫和攻击。尽管他们有不到黄河心不死的志向，但结果却没有挺进到黄河流域。

在中原大地上形成为华夏族的，最初是仰韶文化和大汶口文化的交往和汇融。因为仰韶文化发源于关陇地区，南及汉水和丹水流域。所以，这种文化尽管以首先发现于河南渑池县仰韶村而得名，它的源头却不在这里。严格地说，中原大地上除豫西三门峡地区外，其他地区的仰韶文化不是没有任何疑点的。仰韶文化上承大地湾老官台文化，延续了大约两千年左右。其早期为半坡类型，时间约为公元前4840—公元前4085年；中期为庙底沟类型，时间约为公元前3910—公元前3335年；晚期为西王村类型，它上承庙底沟类型，下接中原龙山文化三里桥类型。三里桥类型的上限约在公元前两千八百年左右，这大概就是仰韶文化的下限了。也有人在半坡类型和庙底沟类型之间插入史家（渭南）类型，构成关中东部晋、豫、陕之间的仰韶文化发展系列。

第三章 华夏文明的诞生

半坡类型的文化特征，就陶器而言是以沙质陶罐为主要炊器，绝少见到鼎和釜，尖底瓶口呈杯状，盆为卷沿圜底。它们都有自身的承袭演变序列。陶色多素面红色，彩陶以鱼纹图案为主，另有红带状纹、蛙纹、人面纹、网纹、三角纹等。其中，鱼纹也有其演化系列。这些，既有别于裴李岗文化，和大汶口文化也判然有别，是无须赘言的。

在中原大地上缺乏半坡类型的早期仰韶文化，只有中期的庙底沟类型。这种类型主要分布于关中东部，晋南、豫西三门峡和洛阳地区的西部，并以此为中心向四面扩散，可说是仰韶文化的发达期。它的主要文化特征，在陶器方面是以盆形灶和扁腹釜为主要炊器，兼用罐形鼎和大口沙质罐。尖底瓶为双唇口。盆与钵均为折腹平底，腹较深。彩陶以黑彩为主，主题图案为鸟纹和变形鸟纹，另有花卉、涡纹、三角涡纹和蛙纹等。不难看出，它有继承发展半坡类型的一面，但也有不同于半坡类型的许多东西。特别是其主要炊器和主题彩绘图案，同半坡类型是迥然有别的。这就提出了一个问题：它不同于半坡类型之处是从哪里来的呢？

这里先看一下豫中地区的仰韶文化。这个地区指东至郑州、西至洛阳盆地、以嵩山周围为中心的广阔地带。在这一地带发现的仰韶文化，或称王湾类型，或称秦王寨类型，或

85

称大河村类型。由于王湾类型具有较多庙底沟型的因素，秦王寨类型仅包括大河村型三期之前，所以一般通称大河村类型。其主要文化特点是以罐形鼎、盆形鼎为主要炊器，兼用釜形鼎和敛口砂质罐，不见或少见陶釜与陶灶。其他器物有盆、钵、碗、豆、罐、壶、瓮、缸、甑、杯、器盖等等。彩陶多为白衣黑彩和褐彩，先饰白衣再彩绘。图案多花卉纹，兼有弧线三角纹、平行纹、波浪纹、曲齿纹、昆虫纹、"∽.×"纹、天文图像等等。很显然，就炊器和主要纹饰图案而言，它和庙底沟类型是有本质区别的。庙底沟类型在时间上早于大河村类型，按理二者应有先后继承关系，但何以差别如此显著？有些人用仰韶文化的东方变体来解释，也有人试图将这种变体和裴李岗文化衔接起来，不过时间差距太大了，实则找不到连接的口径。无奈，我们只好另找线索。还好，这里的器物造型透露了某些信息。如陶缸口沿四周多有鹰嘴形纽，有些器物附鸡冠形双耳，尖底瓶为葫芦形口似立鸟状，鼎足为鸭嘴形。凡此种种，似乎说明这种类型和鸟类有某些关系。而临汝阎村出土的一只陶缸上所绘《鹳鱼石斧图》，更能说明问题。图上画着一只立鹳，鹳嘴下方有一条要死不活的鱼，右侧画一石斧。不少人已指出，这是以鹳鸟为图腾的氏族部落征服以鱼为图腾的氏族部落的图像，石斧象征氏族部落首领的权力。我们知道，以鸟类为图腾是东方氏族部落的特征，而半坡类型的彩陶上多鱼纹图案。所以，与其说大河村类型是仰韶文化的东方变体，还不如说它是东来文化的西方变体为好。当然，这里也有缺口，不知这些以鸟类为图腾的氏族部落来自哪里。如果说它来自大汶口文化，大汶口文化是在其三期才影响到这里，至其四期才渗透进来的。姑且存疑，以俟未来之发掘工作。这里可以肯定的是：中原龙山文化是在大汶口文化的渗透和影响下形成的。仅此亦足以证明颛顼战胜共工而为帝和绝地天通之传说，并非无稽之谈。

仰韶文化是我国发现最早的新石器时代文化，所以人们往往习惯地将其扩大化，把类似的含有某些与之相同因素的文化统称为仰韶文化。现在我们应当清理一下，把误入其中的其他文化区别出来。所谓仰韶文化大河村类型是这样，下王岗神州文化集成类型更是如此。这种类型的主要炊器是锥足罐形鼎，并有少量盆形鼎，不见陶釜与陶灶。这既有别于半坡类型，也有别于庙底沟类型。此外，这里缺乏尖底瓶；而壶的发展自成系列，也有别于后两种类型。彩陶不多，一般为红底黑彩，多为彩绘，色易剥落。纹饰图案比较简单，有弧线三角纹、圆点纹、平行线纹等。这种类型延续时间较长，可分早、中、晚三期。早期大致与半坡类型同时而略早，可达公元前五千年左右。所以，它到了中期以后才受到半坡类型和庙底沟类型以及屈家岭文化的影响。下王岗类型出现这么早，其源头在哪里呢？有人将其早期和裴李岗文化进行了多方面的对比，认为它主要是承袭裴李岗文化而来的[1]。这里发现的锯齿刃石镰和龟灵崇拜现象，也可为之佐证。据此，将这种类型从仰韶文化中分离出来，定为下王岗文化，亦未尝不可。

如前所说，裴李岗文化接近北辛文化，大汶口文化是承袭北辛文化发展而来的。这个地区也较早地出现了大汶口文化的因素。如临近淅川的商县紫荆遗址，在其庙底沟二期的地层和灰坑中出土的圈足尊、筒形杯、觚和无鼻壶等，均与大汶口文化同类器物近似[2]。这说明，早在仰韶文化庙底沟期，大汶口文化已开始西上了。

有趣的是，豫东周口地区发现的裴李岗、仰韶和大汶口文化，也有类似的现象。这里发现的早期仰韶文化炊器主要是罐形鼎和盆形鼎，其式样既有同于下王岗类型早、中期的

---

[1] 杨肇清《试论淅川下王岗仰韶一期文化的渊源》，《论仰韶文化》（《中原文物》编辑部一九八六年编辑出版）。
[2] 商县图书馆等《陕西商县紫荆遗址发掘简报》，《考古与文物》一九八一年第三期。

同类器者,也有同于大河村类型一二期之同类器者。彩陶不多,纹饰图案则与上述两种类型雷同[①]。这就启示我们,豫东的所谓仰韶文化是不是下王岗类型和大河村类型之间的一种过渡形态呢?

更有趣的是,下王岗类型的中期发现有屈家岭文化的因素,而这里西部的晚期仰韶文化,在某些遗址中则有所谓变体仰韶、屈家岭、大汶口文化共存的现象。这和大河村类型第四期也是相同的。其微小的差别,只是大河村类型第四期还含有后岗一期文化的因素而已。

其实,所谓仰韶文化后岗类型,也不属于仰韶文化的范畴。这种类型在诸多方面都和裴李岗文化与北辛文化有承袭关系。如圆形和方形的半地穴式房基,口大底小的圆形和椭圆形窖穴,陶系以红陶为主而灰陶次之。特别是器物的形态,如圆锥足盆形鼎、罐形鼎、小口双耳鼓腹壶、大口或直口浅腹圆底红顶钵、大口或直口深腹红顶碗、大口小底罐等,都可以在裴李岗文化和北辛文化中找到其祖型。纹饰方面的指甲纹、剔刺纹、乳钉纹等亦然。当然,这里也有不同于上述两种文化的东西,如这里有少量的彩陶,以红彩为主,黑彩次之等

---

① 韩维龙、秦永军《周口地区的裴李岗、仰韶和大汶口文化》,载《论仰韶文化》。

等。后岗类型的年代据测定为：公元前 4390—公元前 4185 年，晚于下王岗早期和半坡类型而早于庙底沟类型和大河村类型，分别早四百年和六百年。下王岗早期和后岗类型对裴李岗文化都有承袭关系，所以二者的器物颇多共性。它对庙底沟类型可能有所影响，如这里出了少量的陶釜和陶灶之类。不过，把庙底沟类型作为后岗类型的后继文化，似不可取。因为，后岗类型的主要去向还是大河村类型。总的来说，后岗类型的来龙去脉是不甚清楚的，这或许与战争有关系。如这里发现的墓葬多土坑竖穴单人仰身直肢葬，也有屈肢葬和俯身葬；还有两座合葬墓，一座有九具骨架，一座有二十四具头骨。各种墓多无随葬品。这些，如不从战争着眼，是不好解释的。

说到后岗类型，不能不提一下大司空村类型的问题。这种类型和后岗类型的分布范围有交错之处而深入河北更远一些，有的甚至认为它已到漳河、滏阳河、滹沱河、湾河以至壶流河流域了。实则，这些地方的所谓仰韶文化并不见得属于同一个文化系统，也是不能统称为仰韶文化的。以大司空型的陶系而论，它除有灰陶、红陶外，还有黑陶和白陶，可说是以灰陶为主，四大陶系兼而有之。加上其他方面的东西，怎能一锤子定音呢？我看在没有清理出文化系统以前，还是以存疑为好。

第三章 华夏文明的诞生

现在可以肯定的是：继后岗一期文化和大司空村类型文化之后，在豫北冀南出现的是中原龙山文化后岗类型，即后岗二期文化。龙山文化以首先发现于山东章丘龙山镇城子崖而得名，以后发现的后岗二期文化因与龙山文化有一些相同的因素，故亦名龙山文化。这种类型和豫东的中原龙山文化王油房类型非常接近，说它们是一种类型亦无不可。所以，它们应有共同的前身，即其先行文化。可惜，在豫东如开封、商丘、濮阳以至鲁西南，迄今除濮阳西水坡发现过用蚌壳组成的龙虎图象，商丘地区有少量调查材料以外，很少进行工作。不过，调查材料还是透露出一点信息：商丘地区既有大汶口文化，又有所谓仰韶文化大河村类型。也许中原龙山文化王油房类型和后岗类型主要是由这两种文化合成的。至于西水坡的龙、虎图型，它反映的是天文上的苍龙、白虎图象，同样证明"绝地天通"之不虚。

大汶口文化对大河村类型的渗透和影响并非从其三期才开始的。在大汶口早、中期遗址内，发现有白衣上饰花瓣纹、圆点勾叶纹的彩陶钵和彩陶盆，以及八角星纹的彩陶盆，这与河南豫西地区的仰韶文化彩陶相近。大汶口文化早期墓葬中随葬器物组合为鼎、钵、釜，中期墓葬中随葬器物组合为鼎、豆、罐（或壶），其形制变化序列与洛阳地区同类器物形制

91

变化系列相似。据测定，大汶口文化始于公元前4495年，距今约六千五百年，而豫西地区的仰韶文化以庙底沟类型而论，也不过始于公元前3910年。显然，豫中以至豫西的仰韶文化都接受过大汶口文化的影响，更不要说豫东以西至洛阳地区都有大汶口文化的遗存了。中原龙山文化有五个类型，即王油房类型、郑洛类型、三里桥类型、后岗类型、陶寺类型。其中，除陶寺类型当另行研究外，可说都是由其所接受的大汶口文化的成份和影响的程度而形成的。

如果我们把五千年前中原大地上的考古文化勾画出一个大致的轮廓和线索，可以看到这样一幅图景：

在中原大地上最早出现的是以嵩山周围为中心的裴李岗文化，它和豫北冀南的磁山文化属于同一文化系统，与东面的北辛文化为姊妹文化。随后，由于老官台文化和仰韶文化自西向东推进，裴李岗文化从其中心区域向三个方向散去，在豫西南发展为下王岗文化，在豫北发展为后岗一期文化，东部则汇入北辛文化之后的大汶口文化。接着，这三支文化又汇集豫中，形成大河村文化。这样在豫中地区的西部来来往往，正好是两次反复，后一次反复和颛顼战胜共工的神话传说是一致的。

第三章 华夏文明的诞生

由西向东发展的老官台文化和仰韶文化，在受到下王岗文化和后岗一期文化以及大汶口文化的影响后，发展为仰韶文化庙底沟类型，反过来扩散到陕、甘、宁、青、晋和内蒙的广大地区。留在本地的则经过西王村类型发展为中原龙山文化三里桥类型。最早在渑池县仰韶村发现的仰韶文化实包括庙底沟类型和三里桥类型，只有其中的庙底沟类型属于仰韶文化系统。仰韶文化向东可扩散到洛阳盆地，这又对大河村文化产生了不小的影响。所以，中原龙山文化的郑洛类型又可细分为两个支型，东支与王油房类型共性较多，西支与三里桥类型共性较多。其原因就在于，洛阳盆地是各种文化交错的地区。

豫北自安阳至冀西北洋河、桑干河流域在这个期间的考古文化呈现出更复杂的情势。其中包括各种不同的文化。它们不仅交错分布，互相影响，还往往共存于同一遗址中。就目前已掌握的材料看，它们大致可分为三种类型，或者说三种不同的文化。

第一种是后岗类型，即后岗一期文化。它分布于豫北冀南，有代表性的遗址除后岗外还有正定南杨庄等。需要补充的是，在南阳庄发现了成套的鞋底形无足石磨盘和石磨棒，相互叠压在一起。这说明它确实是由裴李岗磁山文化发展而来的。

93

这里还发现了舟状连排灶，每组四至十四座不等，似乎是供户数不一的共产制大家族用的。连排灶呈舟状，也许意味着同舟共济吧！

第二种是大司空村类型或百家村类型。它在豫北冀南往往与后岗类型交错分布甚或共存于同一遗址中。不过，在冀西北洋河、桑干河流域也发现有这类遗存。其主要特征是，窖穴以圆筒形为主，也有呈喇叭形的。陶系以泥质和夹砂灰陶为主，红陶次之，间有黑、白陶。器表以素面磨光为多，有纹饰者多为篮纹，次为方格纹、划纹、附加堆纹以及极少的线纹和锥刺纹。彩陶较多，一般是在磨光红陶或灰陶上直接上红彩或棕彩，缺少黑彩。所绘花纹单调草率，有弧线三角纹、平行线纹、睫毛纹、蝶须纹、同心圆纹、水波纹、S纹、锯齿纹、螺旋纹等。器类有罐、钵、碗、盆等，以罐为炊器和水器。不难看出，它和后岗一期文化是有很大差别的。

过去曾讨论过这种类型和后岗类型的时代先后问题，实际上是要探索二者的发展序列。所以，在磁山文化发现之后，人们仍然在做这样的努力。其原因在于把它们全都视为仰韶文化，现在看来，它们各自的源头可能是不同的，不好安排在一个序列上。至于时代先后问题，从原新乡地区的一些材料看，可能是后岗类型早于大司空村类型。新乡以西的所谓

第三章 华夏文明的诞生

仰韶文化,其早期与大河村一二期相同;中、晚期既同于大河村三四期,又受到大司空村类型的影响①。新乡地区的一些材料还说明,大司空村类型是由北向南发展的,所以到新乡地区已近尾声了。那么,它的源头在哪里呢?北福地甲类遗存可能是四十里坡类型的先行文化。这个四十里坡在蔚县东北,也是属于大司空类型的分布范围之内的。

这样说来,河北到底有没有仰韶文化呢?曰:有。这就是第三种类型,即三关类型。目前发现的有蔚县三关,曲阳钓鱼台等处。其文化特征是,房基为半地穴扇面形。窖穴为方形竖井式和不规则形。陶系主要是泥质和夹砂红陶。器表多素面磨光,纹饰主要是线纹,也有少量篦点纹。彩陶多原地黑彩,图案多以弧线三角和圆点为母体。器类有罐、尖底瓶、壶、圆底钵、盆、瓮等。以罐为炊器,双唇口尖底瓶和壶为水器,圆底钵为食器、盆、瓮为盛器,就其用罐和圆底钵而言,具有半坡类型特征;而双唇口尖底瓶和黑彩圆点钩叶纹,又具庙底沟作风。一般认为,它带有半坡到庙底沟的过渡性质,可能是缘汾河、滹沱河而来的。

不过,这种类型的发展线索不太清楚,只有一种与大司

---

① 杨守礼、刘习祥《新乡地区新石器时代考古综述》,《论仰韶文化》。

95

空村类型共存的下潘汪类型，似乎同它有若续若断的关系。这种类型的特征是，窖穴以椭圆喇叭形居多，次为圆筒形及袋形。陶系为泥质和夹砂红陶而以前者为多。器表多素面磨光，纹饰有篮纹、划纹、线纹、剔刺纹、指甲纹、乳钉纹、附加堆纹。彩陶不见。炊器有釜、灶、甑、罐而无鼎，盛器有红顶碗、钵、盆、皿、盂、盘，水器有小口橄榄形平底壶、长颈壶（瓶）、直颈双耳壶等。可以看出，它和上述两种类型各有同异，而就其以釜灶为炊器而言,确有庙底沟类型之风。其时代晚于后岗类型而与大司空类型有共存关系。

记得安金槐先生说过，不同的文化系统首先要以其炊器来划分，然后再及其他方面。如是，豫北冀南的三类文化确实可分为三个系统。从这三个文化系统，我们不禁会想起黄、炎、蚩尤之间的传说。以此为前提，我们也可以把黄河流域的考古文化分为东、西两大系统,仰韶文化从用罐发展到用釜、灶，属于一个大文化系统，而中原用鼎作炊器和大汶口文化则属于另一大系统中的两个子系统。我国古代传说反映的主要是这东、西两大系统的关系。

正因为如此，中原龙山文化中的王油房类型究竟应归属于海岱文化系统，还是应归属于中原文化系统，是不好说的。按大汶口文化分布于山东、苏北、皖北、豫东和辽东半岛，

第三章 华夏文明的诞生

王油房所在的永城是处于大汶口文化的范围之内的。如是，其前身自应是大汶口文化，王油房类型是在大汶口文化的基础上，受其他文化的影响而形成的。长期以来，人们总有一种偏见，认为大汶口文化是在其中晚期才渗透到中原大地的，其实这只是就中原龙山文化中的郑洛类型而言。如大河村文化的晚期包含有多种文化因素，处于向中原龙山文化的过渡状态。但这种情况只适合于三里桥类型，对王油房类型和后岗类型都是不适合的，起码是不完全适合的。从年代上说，大汶口文化约始于公元前四十五世纪，终于前二十八世纪，其后在山东发展为龙山文化。王油房类型始于公元前三十世纪，和大汶口文化自然接不上茬，但中原龙山文化后岗类型始于公元前二十八世纪，和山东龙山文化的起始年代就差不多了。而且，后岗类型分布于安阳以东至山东菏泽地区，其东部在此之前也是属于大汶口文化范围之中的。中原龙山文化郑洛类型和三里桥类型的起始年代介于王油房类型和后岗类型之间；就其略晚于王油房而言，它也只能是在大汶口文化的渗透和影响下形成的。大汶口文化之所以有如此威力，还不在于它有一套独特的器物如釜形鼎、深腹钵、喇叭形杯、高柄杯、觚形器、实足鬹、空足鬹、镂孔豆、背壶、宽肩壶、敛口盉等等，而在于它所包含的文明社会因素是最早的。

附注：本节未注明出处的，均参考于《论仰韶文化》一书中安金槐、杨育彬、李昌韬、张居中、唐云明等同志的文章。

第三节　华夏文明的诞生

文明社会是继承原始社会而来的。所以，要探明华夏文明是怎样诞生的，就必须研究先行于它的原始社会是怎样瓦解的。这是一个问题的两个方面，可以合起来说，文明社会是在原始社会的解体过程中诞生的。

研究这个问题要借助于考古材料，但实际上它已超出了考古学的范畴。这个问题所要研究的是社会形态的演变过程。正因为如此，在这个问题的研究中就存在着一些简单化、概念化、公式化的倾向。如将氏族社会分为母系和父系两大段，将婚姻关系分为群婚、对偶婚和单偶婚三大段，将社会分工简单化为男女分工，将原始民主制分为氏族部落民主制和军事民主制两大段等等。近年来一些人又从国外搬进一个酋邦制，作为原始社会和文明社会的过渡环节，即氏族部落制、酋邦制、城邦制三阶段论。总之，用这些概念和公式套取考古资料，或用考古资料填充这些概念和公式，结果是难得看出来华夏文明究竟是怎样诞生的。

第三章 华夏文明的诞生

怎样解决这个问题呢？我认为不妨用逆向考察和顺向考察两种方法，从两者的衔接点探讨华夏文明的起源。所谓逆向考察，就是从三代的社会结构向上推，追溯这种社会结构的来历；所谓顺向考察，就是从原始社会的解体过程找到一种社会结构，看它是如何演变成三代的社会结构的。这样上推下卸，就可以找到问题的眉目和线索了。

早在上个世纪六十年代我就指出，中国古代社会中存在着宗族结构，一个宗族包含若干大家族，每个家族又包含若干家庭。宗族之间存在着上下主从的等级关系和异姓与同姓的关系。夏、商、周三代无不如此，只是发育程度有所不同而已。现在，这已成为不少学人的共识，没有什么可以怀疑的了。那么，这种社会结构是怎么来的呢？我们不妨从头说起：

这里先交代一下：研究这个问题，必须从聚落形态入手，而足以说明聚落形态的主要是聚落遗址和墓葬群，然后再参以其他材料。由于这种材料完整的不多，加以华夏文明同仰韶文化和大汶口文化都有关系，所以我们要同时运用这些材料。

先说仰韶文化，其早者为半坡类型，姜寨遗址可为典型。这个遗址外有壕沟环绕，中心为一广场，广场周围有五组房子，每组房子都有一座大房子和若干中小房屋。壕沟外有五座陶窑分在两处，一处三座，一处二座。广场的西北部还有两片

99

畜栏。墓葬也在濠沟外边，看样子原来也是分作五片的。

根据这种情况，一些人推测它处于繁荣的母系氏族社会阶段，说这里是一个部落，两个胞族，五个氏族。当然，氏族中是包含着家族和家庭的。但是，我们仔细观察材料便会发现，所谓氏族和胞族除了那五座陶窑和两片栏畜处以外，是没有实证的。这五座大房子中都有大型连通灶，似乎是供人们日常生活的。但是，"中小型房屋内一般都有生活用具和各种生产工具，大型房屋内却未发现。"[①] 这就令人费解了。五座大房子中，面积小的也有六十多平米，大的达一百二十多平米，估计可住二十至四十人。这么多的人生活在一起，为什么没有生活用具呢？再说，氏族是一种血缘经济共同体，它是以集体财产为基础的。这种大房子中缺乏各种生产工具，不管说它是氏族还是氏族长的大家族，又如何实现其集体经济呢？可见，这种大房子既非共同生活的单位，也非集体生产的单位。我看，这是一种公用房，在这里可以举行各种庆典和集会，届时共同聚餐；也可以供那些离异的男女临时住宿和婚龄男女谈情说爱；或者是由男女同性秘密团伙在此栖身。所以，如果说这里还存在氏族、胞族和部落的话，那它

---

① 半坡博物馆、陕西考古所、临潼县博物馆《姜寨》上卷，第十页，文物出版社一九八八年出版。

第三章 华夏文明的诞生

们也不过是一种没有多少实际内容的框架和躯壳而已。所谓母系氏族社会的繁荣阶段,已经谈不上了。

在中国历史上,代替氏族的是家族和家庭,无所谓氏族发展的两个阶段。姜寨遗址中的中型房就应解释为家族住宅。这种房屋的面积一般为二十至四十平米,有的也有连通灶。如 F36,内有三个灶互相连通。炉灶数目不一,说明家族人数或用餐人数之多少是不同的。姜寨遗址中究竟有多少家族,从已查明的中型房屋来看,五组房屋中各有一座中型的,应为五个家族。"但,这里并不排除每组房屋中有较多的(比如说有三四座)中型房子,因为在每组中都有零星灶坑遗存,可能有中型房屋存在,也就是说还可能有较多的家族存在。"[①]

不过,仅仅把一座中型房屋视为一个家族,还不够准确。这类房屋一般可住七至十人,作为一个家族,似乎小了一些。在它的周围都有一些小房子。"看样子像是一座中型房子和若干小房子组成一个单元,居住着由若干个对偶家庭所组成的一个家族——晚期的母系家族。"[②] 小型房屋内一般可住

[①] 半坡博物馆、陕西考古所、临潼县博物馆《姜寨》上卷,第三五五页,文物出版社一九八八出版。

[②] 半坡博物馆、陕西考古所、临潼县博物馆《姜寨》上卷,第三五四页,文物出版社一九八八出版。

四人左右。这样，估计一个家庭可有三十多人，最多的也可能达到五十人左右。

一座中型房屋和若干小房子组成一个单元，说明一个家族是一个大的财产单位，小家庭的财产还没有完全从大家族中分离出来。尽管小型房屋中多数都有一些生活用具和生产工具，但不能由此说明它是以小私有土地为基础的。相反，中型房屋内两侧都能住人，说明未婚子女还留在家中，男女分开居住，只有已婚子女才从家族中分离出去。而有些小房子内空无一物，要么是给未婚子女准备的，要么是已婚子女仍在家族中吃大灶，自己是不起伙的。

至于婚姻形态，从小房子中多有生活用具和生产工具来看，似乎是夫从妻居，组成家庭。不过，把这种家族说成对偶婚姻是不对的。对偶婚说的是若干男子和若干女子互为夫妇，只不过男女双方相互之间各有其主妻和主夫罢了。而夫从妻居则是属于单偶婚姻范畴的。这种婚姻可以有比较稳定的家庭生活，所以就出现了不仅知母而且知父的现象。在姜寨遗址的墓葬中有两座合葬墓，一座为一成年妇女和小孩，另一座是一个成年男子和小孩。这后一座墓中的成年男子自然是那位小孩的父亲了。在夫从妻居的婚姻形态下，财产是属于女方的，男方死后要反葬于本族墓地，这也许可以解释

第三章 华夏文明的诞生

为什么姜寨墓地中多为单人葬，而这座合葬墓中没有任何随葬品的现象。

简要言之，姜寨遗址中的氏族已分解为母系大家族，由若干母系大家族构成一个氏族了。由于母系大家族还没有完全脱离氏族，所以有氏族的公房、陶窑和供氏族以上单位公用的栏畜场（供祭祀之用）；墓地也是按氏族划分并按氏族惯例埋葬的，所以随葬品都不太多。至于随葬品中之多寡有无，仍然是由其在家族、氏族和部落中所处的地位决定的，还谈不上真正的私有财产。可以设想，耕地也是按氏族划分并将氏族土地分别划给各个家族耕种的。

家族完全从氏族的母体中脱离出来是在仰韶文化的第二阶段，即庙底沟类型时期。这个时期的聚落遗址好像和以前没有多大变化，也是聚落之外分布着陶窑和墓地。但是，聚落内的布局和墓地的情况都发生了显著的变化。如庙底沟遗址的房子一般都较姜寨遗址中的小房子为大，最大的两座分别为四十平米，相当于姜寨遗址中最大的中型房屋。这里没有发现姜寨遗址中那种大房子。这说明，庙底沟期的聚落是由大大小小的家族构成的，氏族已经不存在了。当然也有一种可能，这只是一般聚落中的情况，在大的中心聚落中还有宗族一级组织，类似以前的氏族。这就要看今后的考古工作

103

如何了。

最有趣的是墓葬，在渭南史家、华阴横镇村、华县元君庙等遗址的墓地中，都发现了迁徙合葬墓。合葬的方式不一，如有的是尸骨重叠，有的是大坑套小坑；人数也不等，其中最多的达三十二人。一般是男女老少都有，多数是以一位妇女为中心，只有一座是以一位男性老人为中心，看到这种情况，有些人又在母系父系上做文章了。其实，这是一种家族合葬墓，即同一家族的人葬在一起，家长多数是妇女，也有个别的男家长。不管家长是男是女，其为家族则一也。这种家族可以说都是共产制大家族，家长之不同也不过是母系家族和父系家族的差别，不影响其为共产制大家族。我曾经说过，中国古代的情况是母系家族通过内部更换家长的方式转为父系家族的，上述墓葬中也不过说明这一点而已。

父系大家族只有在分财别居之后才与共产制大家族有本质的差别，这应是仰韶文化晚期出现的现象。可惜，我们现在还没有发现这样的实例。大地湾晚期出现的那种大型建筑遗址不过是宗庙社稷的遗存，还不足以说明社会的组织结构。对此，我们只好用晚于仰韶文化的客省庄文化（过去称陕西龙山文化）来予以说明。这类遗址可以渭南康家为例，其房屋是连排分为单间的。排房的间数不一。每排中都有一间向前凸出。排与排之间还有小沟。这说明,每排为一家族,凸出的那一间是族长所居。家族中各立门户,其中各个家庭已经分财别居了。这种社会组织结构肯定是从仰韶文化晚期发展过来的。在长安客省庄遗址中就发现它和仰韶文化有上下叠压关系。从仰韶文化晚期到客省庄文化,都没有发现迁徙合葬墓,说明共产制大家族已经分解了。中国古代文明就是由此开端的。

仰韶文化的墓葬,从早到晚,随葬品都不太丰富,而且随葬品的多寡悬殊不大,不足以充分反映社会的贫富分化现象。足以说明这个问题的是大汶口文化。

大汶口文化从其早期起就已从氏族社会脱胎出来,形成了家族社会结构。例如,江苏邳县刘林遗址的公共墓地就是按家族排列的。即:墓地中分为若干组群,每组墓数不等,有十九座者,有二十多座者。由此可知,每组为一家族,墓数不等是由家族的兴衰和人数多少决定的。这种情况,也见于邳县大墩子、邹县野店、胶县三里河、泰安大汶口、新沂花厅等遗址,尽管其时间早晚有所不同,但都说明家族已从氏族中分离出来,或者说氏族已经分解为家族了。

在大汶口文化早期的一些墓地中也有多人合葬的现象。如王因(兖州)遗址共有三十一座合葬墓,其中二十六座为二人合葬，五座为三至五人合葬。经鉴定：其中二十二座为同性合葬，四座为大人和小孩合葬，四座为异性合葬。在异性合葬墓中，有三座的死者年龄相差悬殊，只有一座的死者年龄不相上下。刘林和大墩子共有十六座二人合葬墓，其中八座为同性合葬或成人与小孩合葬，另八座为成年异性合葬。看来，这些墓葬有可能属于家族者，有可能属于同性秘密团伙者，也有属于单偶家庭者。这后一种情况，既可能是属于家族中的长门，也有可能属于从家族中分离出来的单偶家庭。大墩子曾出土有陶房，同现在有些农村的单间草房差不多，这无疑是单偶家庭的住处。据此推测，大汶口文化的早期可能已有分财别居的家族，在婚姻形态上可能已有女嫁男方的现象。

王因墓地上还有多人二次葬墓六十七座，其中二至九人者五十六座，十至廿四人的九座，共葬四百二十三人。人数多的如M240分三排葬了二十三人，M243分三层葬了二十四人。死者以同性居多，只在少数墓中有个别异性和幼儿。诸城呈子墓地也有多人上下叠压的合葬墓。这种墓和上述合葬墓多数为迁葬墓，即其中一人为一次葬，其余的是迁来与之合葬的。因此，理解为家族墓还是比较合适的。死者中同性居多，可能是由于兄弟姊妹不同穴的缘故。同一家族的男女不管是哪一方出嫁，死后都要返葬于本族墓地，他们和她们是不能同穴而葬的。

大汶口文化早期的家族可能属于家族共产制向分财而居的过渡状态,其中有些家族仍保留共产制,有些已分财而居了。之所以如此，主要在于当时的经济发展水平还相当低，不足以全面突破家族共产制，使单偶家庭成为基本的财产单位。大汶口文化早期的墓穴都比较浅小，无木质葬具，有的甚至无竖穴，仅以土掩埋而已。随葬品亦不丰厚，多数仅限于个人生活所需，如男性用的武器、砺石，女性用的纺纶，以至鹅卵石、天然赭石等等。有些墓中随葬冥器如日用品、陶猪、陶狗、陶屋等，以表示对死者的哀思。随葬禽兽鱼类骨骸者不多，最多只宰杀一头猪献祭。有以狗随葬者，大概是供墓主在彼岸世界中驱使。当然，也有极少数墓中的随葬品是比较丰富的。如大墩子M44，墓主为三十多岁的男性，随葬品共五十三件。其中陶器十五件，多于个人生活所需。另外有石铲、石斧、骨鱼镖、骨刮削器、獐牙钩形器和獐牙，右手指套有骨管，腰间佩有两副龟甲、内装骨锥与骨针，还杀狗以殉。估计这是一位首脑式人物，所以他生活特殊化，非一般人所能比也。

大汶口文化墓葬中反映的贫富分化现象是从其中期开始

的。这时候,它已完成了从共产制大家族到家族中各个家庭分财而居的转变。所以,在一些墓区中墓葬仍有分组现象,但多人合葬和迁葬墓已经消失了。现已发现的几座合葬墓都是属于成年男女的,而且男左女右,有比较通行的礼俗。基于这种变化,在墓葬形制和随葬品方面就出现了复杂的情况。以大汶口墓地来说:

这里共发掘一百三十三座墓,均属大汶口文化中晚期。墓葬有大、中、小之别,其间随葬品的数量、质量相差悬殊,小墓仅寥寥数件,大墓多达一百八十余件。在大中型墓中,十四座有木质葬具,有的结构复杂。有四十六座墓随葬猪头、猪下颌骨,数量不等,最多的有猪头十四副。如M10,墓主为五十多岁的女性,其墓口为4.2×3.2米,内有用原木叠成的木椁,椁底有朱土,墓底中央下方再挖出长方形坑,安置死者。在发现时,死者周身覆盖厚约二厘米的黑灰,疑为衣着。她手持两枚獐牙,头部有骨笄、象牙梳,胸、额、颈部有成串佩饰,还有玉臂环和玉指环,腰下有墨绿色玉铲,身右置骨雕筒,贴身的尚有石斧、器盖等。椁内有象牙雕筒二个,还有精美的彩陶背壶和黑陶杯。椁外分三层放着七八十件陶器,其中有精致的白陶高柄杯、豆、鬶、盉、壶及五件白陶背壶和三十八件陶瓶;椁外头端左右各有一堆鳄鱼骨板,可能与鼍鼓有关；脚端有猪头二个及一些猪骨。随葬品总数达一百八十一件，可称为一位女富豪。再如M26，随葬品多达七十余件，其中包括精美的透雕象牙梳、象牙琮、骨雕筒、大件彩陶器、龟甲、猪头等等。这类大墓在大汶口墓地中不下十座，约占总墓数的百分之七点五强。当然，小墓也不太多，多数是中型墓。有趣的是，墓区南部一组墓群均为小墓。这是不是一种风俗，值得研究。

大汶口墓地有五座空墓，墓穴中无尸骨而有葬具和随葬品；还有两座无头墓，墓穴中仅存躯体尸骨。这些，无疑是战争导致的结果，也可能有猎头祭祀之风。

另外，这里发现合葬墓八座，其中四座经性别鉴定，均为男左女右的成人合葬，其中一座还有一幼女，共三人。值得注意的是：这座墓中的随葬品均放在男子一侧，女子一侧则空无一物。她是不是这位男子的奴隶，令人产生疑问。不过，由此断言母系氏族已转变为父系氏族，似乎不妥。因为，在所有墓葬中随葬品最多的也是一位妇女。可见，母系和父系同社会结构和性质，并无必然的联系。

其他地区发现的大汶口文化中晚期墓葬，与此大同小异。即一般都有墓穴和随葬品，但有无葬具和随葬品的多少、种类则有不同。如曲阜西夏侯遗址的三十一座墓均未发现葬具，而随葬品却较为丰富，其中一座墓中的随葬品多达一百二十四件。邹县野店遗址M51，不仅有井字形木椁，椁内还有棺木。如此等等，不再罗列。从这里可以看出，大汶口文化中晚期确实发生了明显的贫富分化。而且，在泗水尹家城发现的一座晚期合葬墓中，男子有棺木而女子的一只手则压在棺木下面，她无疑是受奴役的。有人根据这种情况和其他相关的现象，认为大汶口文化从其中期起开始进入文明社会，不是没有道理的。

如前所说，大汶口文化中晚期逐步西上，进入中原大地。这对中原大地上文明社会的诞生不能不发生直接的影响。实际上，在中原龙山文化中的所谓大汶口文化因素，已不属于大汶口文化的范畴，而是中原龙山文化的有机组成部分。

当然，同时期的中原文化还有其自身的发展历程。它能吸收大汶口文化而形成中原龙山文化，也是由其自身的发展所决定的。如后岗一期文化，既有多人合葬墓，又有舟形连排灶，表明氏族已分解为家族了。下王岗文化中期也出现了同样的现象。这里也发现了多人迁徙合葬墓，而且为数众多，颇具典型性。在这里发现的四百七十四座墓中，多人合葬墓达二百六十九座。其中遗址东北部的一片墓地有三百多座墓，多人迁徙合葬墓占三分之二以上，骨架最多的达二十九具。

随葬品大体上按照人数，人均一件放置，表明家族中的成员是相当平等的。与同期文化相比，可说它与大汶口文化早期和仰韶文化中期大体上处于同一社会发展阶段。

下王岗文化早期的墓大都是单人葬，中期主要是多人二次合葬墓，晚期又多是单人葬。从表面上看，这似乎是一种简单的反复；实际上，晚期的单人葬反映的是家族解体的现象。同一家族中的各个家庭已经分财而居了。

大河村文化就处在这个阶段上，因而它和中原龙山文化是相互贯通的。按理，这个时期的单人葬是分组的，即一个家族的所有家庭为一组。可是，由于理论上的缺陷和疏失，我们并没有注意到这种现象。好在大河村文化第三期的房屋遗址为我们提供了线索。这里发现东西成排的四间房屋，其中F1较大，房内用矮墙隔成两间，内外间均有烧土台，似是火塘所在。F2没有套间，内有三个烧台，在东北角的一个烧台上还发现一罐炭化粮食和一块长约五十厘米的木炭。F3是利用F2的东墙另筑的，只有一个烧土台。F4系后筑的一小间，发现时有灰烬，似乎是堆放柴草用的。这几间房屋各有门户，除F2门向南外，余均向北。从这些迹象看，这四间房屋似乎是三个生活单元，即三个家庭，只是家庭人口有多少而已。当然，人口多的家庭还会再次分解。而这正是家族分解为家庭时的现象。下王岗文化晚期就有这种单间连排房，多者达三十二间。每个大家族中的各个家庭都已分财而居了。

这个时期的墓葬中，随葬品都不丰盛，我们不好据此判断社会贫富分化状况。但有两点值得注意：一是在许多遗址中都发现了成人陶棺葬，如前述鹳鱼石斧图就是彩绘在陶棺上的。这种陶棺是一种专门烧制的陶缸，缸身和盖分别烧制，两者扣起来就是一副棺材。而且，缸的口沿周围有鹰嘴纽，扣上盖后可以用绳子将二者绑扎起来。这种陶棺不是人人都能用的，除临汝阎村遗址发现较多外，其他地方发现的都很少，说明它是供上层人物用的。社会分层现象也出现了。顺带指出，过去笼统地称这种陶棺葬为瓮棺葬，是不确切的。瓮棺多用于小孩，可现成取材，无须专门烧制。二是在这个时期出现了男女成人合葬墓，如荥阳青台遗址就发现了三座。且不管男系和女系，这都是原始社会末期才会有的现象。原始共产制已经走完了自己的路程，家庭和由家庭组成的家族已是社会的基本细胞了。

从马克思主义的历史发展观来看，一个社会阶段的终结，就是另一个社会阶段的开始。原始社会完全解体了，文明社会也就诞生了。原始社会的解体过程就是文明社会的孕育过程，反过来说亦然。因此，从中原龙山文化开始，就社会结

第三章 华夏文明的诞生

构而言,已是早期文明社会了。在中原龙山文化时期,很少发现以前那种公共墓地。房屋要么是单间的而成行排列,要么是单间连排房,就说明了社会组织结构的根本变化。这种变化是社会物质生产力发展的必然结果。

人类文明的起源是以农业为基础的。但农业只有发展到一定的阶段,才能为文明社会的到来铺平道路。在中国历史上,这就是耒耜耕作农业。耒耜耕作农业是整个中国古代社会的基础。历夏、商、西周至春秋无不如此。所谓耒,是一种柄端前曲的木耑,故又称耒耑。耒耑中挟上带刃的石耜,就是耒耜。它是后来铁铲的前身,也是犁耕农业的源头。这种农业在中原龙山文化之前就出现了,如洛阳西高崖遗址就出土了形制较大的有槽石耜,这种石耜可以牢固地挟在木耒上,耜上再加横木,就是那时最先进的农具了。在中原龙山文化的一些遗址中,不断发现有使用木耒的痕迹,说明耒耜农业已经不是个别现象了。耒耜耕作农业较之锄农业是一大进步,也可以说是一次农业大革命。原始社会就是在锄农业向耒耜农业的转变过程中瓦解的,而耒耜耕作农业之代替锄农业成为社会的基础,就意味着文明社会的到来。

有了耒耜农业,也就有了井田制。井田制并不那么神秘,最初它只是一种家族划分耕地的方法。家族有多少户,就将

113

家族的耕地划分成多少块。各家族户数不等，故田字古写有作四块、六块、八块、九块以至十二块者。这是分财而居的家族出现以后的现象。在此之前的氏族耕地是不分的，共产制大家族的耕地也是不分的。当然，在家族土地按家庭划分之后，仍然要有协作，但收获已分属各个家庭所有了。后来这种按家族中之户数划分耕地的方法发展为疆理计算土地和课取赋役的制度，就是所谓井田制。

说到井田制，有必要提一下水井。这是中国古代的一大发明，和华夏文明起源是密切相关的。在汤阴白营、洛阳矬李、襄汾陶寺等中原龙山文化遗址中，都发现了水井，有的井中还有木结构的井架，说明它同华夏文明是与生俱来的。水井是不是用于灌溉虽不一定，但"凿井而饮，耕田而食"，则是没有问题的。井田之名可能即由此而来。在此之前，人们多选择河旁阶地定居，饮用河水。发明凿井之后，人们就可以到远离河水的平原沃野进行生产和生活了。也只有在这种地方，才真正能对耕地实行井田制。所以，凿井对文明起源的作用是不可低估的。

耒耜耕作指翻土耕地，甽垄种植，这不仅大大地提高了农业生产力，而且促进了畜牧业的发展。我国饲养家畜可以说同农业一样古老，但直到这时，它才和农业一样发生了飞

第三章 华夏文明的诞生

跃。例如,庙底沟龙山文化遗存的二十六个废坑中所出家畜骨骼比同地仰韶文化遗存一百多个废坑中的还多。尽管这中间隔着仰韶文化西王村类型,其发展速度仍然是不寻常的。更值得注意的是,家畜很早就成了私有财产,家字从宀从豕,即含有财富之意。所以,家畜业的大发展,对财产私有化具有重要的意义。

从锄农业到耒耜农业的转变,也促进了各种手工业的发展和专业化。例如,制陶业从手制发展到轮制,又从慢轮发展到快轮;陶窑从敞口发展到窑室,从烧制后不封窑到封窑等等。这样,不仅烧制了各种精美的陶器,而且烧出了硬陶和釉陶,从中发展为原始瓷器。从烧制陶器还派生出烧石灰的行业。再如,石器制造业不仅达到了全面完善的程度,而且出现了玉器制造业。其他如骨、角、牙器,皮革,木器,纺织缝纫,编织等等,无不有所发展。特别值得一提的是,铜器从萌生到发现,也是和这个转变过程相一致的。我曾经指出,中原龙山文化时期已进入早期铜器时代,不能再以新石器时代视之了。

这么多的生产部门,有些还可以说是家族和家庭的副业,有些肯定已脱离农业而独立或相对独立了。这就是说,在农业和手工业以及手工业的各部门之间有了社会分工。这种社

115

会分工不是什么男女老少之间性别和年龄的生产分工,而是家族与家族之间、家庭与家庭之间的分工。阶级是由分工产生的。这个期间的贫富分化正是在家族之间、家庭之间进行的。

这种社会分工是从生产部门开始的,随着锄农业向耒耜农业的转变,分工也发展到精神领域,出现了祝融,亦即火正。大汶口文化陶器上的日月山组合图像和八角星纹,大河村文化陶器上的太阳纹、月亮纹、日晕纹、月珥纹、星座纹,西水坡发现的龙、虎图型,都是祝融和火正即将或已经出现的反映。因为要进行农业生产,就必须观察天象,掌握季节和气候,于是而有观象授时之专职。古代以火纪时,即以火星的运行来制定历法,所以掌握这种历法的人叫火正。这是一种太阳历,太阳光耀四海,温暖人间,所以职此事者名祝融。这样,我们就可以理解为什么大河村出土的一件陶器上有十二个相连的太阳纹了,一年十二个月是可以用十二个太阳表示的。

原始社会和文明社会的根本差别,从所有制来说,是一个实行原始公有制,一个实行私有制。原始社会的解体过程,也是私有制发生和发展的过程。到家族中的各个家庭分财而居之后,可以说除土地之外,一切财产都私有化了。有了私有制,就有贫富分化,出现了等级和阶级。伴随着私有制而来的是连绵不绝的冲突和战争，在战争中掠夺财富和奴隶。这样就出现了城池，出现了在灰坑、废井、废窖穴中埋人和用人奠基的现象。刑罚由此而生。礼乐由此而兴。总之，中国古代社会的一些主要的因素都在这时诞生了。

末了再强调一下，这里说的是华夏文明的起源，而不是什么文字、铜器和城市的起源。华夏文化的基本内涵是古代的社会结构和各方面的制度。我们所要探讨的就是这种社会结构和社会制度的发祥史。

第四章　万邦并存唐虞兴

第一节　关于尧舜禹的传说

传说中的尧舜禹时代，历来以为尚处于原始社会末期，其根据是儒家的禅让说。此说在《礼记·礼运》谈到大同与小康时有比较集中的概括，其文云：

大道之行也，天下为公。选贤举能，讲信修睦。故人不独亲其亲，不独子其子。使老有所终，壮有所用，幼有所长，矜寡孤独废疾者，皆有所养。男有分，妇有归。货恶其弃于地也，不必藏于己；力恶其不出于身也，不必为己。是故谋闭而不兴，盗窃乱贼而不作，故外户而不闭，是谓大同。今大道既隐，天下为家，各亲其亲，各子其子，货力为己。大人世及以为礼，城郭沟池以为固，礼义以为纪，以正君臣，以笃父子，以睦兄弟，以和夫妇，以设制度，以立田里，以贤勇智，以功为己。故谋用是作，而兵由此起。禹、汤、文、武、成王、周公，由此其选也。

当然，所谓大同，也包括了尧舜禹以前的时代，但其中心内容则是尧舜禹之间的禅让，故至禹传子启建立夏朝后而进入小康时代。现在看来，这种说法是不可靠的，有必要予以澄清，还历史以本来面貌。

在历史文献中，对尧、舜、禹之间的关系有不同的记载。有些甚至是截然相反的。现依次分述于下：

首先谈禅让说。此说最早见于《左传》文公十八年："舜臣尧，宾于四门，流四凶族：浑敦、穷奇、梼杌、饕餮，投诸四夷，以御魑魅。是以尧崩而天下如一，同心戴舜，以为天子。以其举十六相、去四凶也。"同书僖公三十三年："舜之罪也殛鲧，其举也兴禹。"《国语·晋语》五有相同的记载，惟"舜之罪也殛鲧"作"舜之刑也殛鲧"。这里虽未明言禅让，但已谈及舜代尧为天子和举荐禹的问题，可以视为禅让说的滥觞。

《左传》为左丘明所作，他和孔子是同时代的人，因而有大致相同的观点。所以，《论语·尧曰篇》有这样的记载：

"尧曰：咨尔舜，天之历数在尔躬，允执其中，四海困穷，天禄永终。舜亦以命禹。"这里也未明言禅让，但实际上讲的已是禅让之事了。

不过，严格地说，《论语·尧曰篇》还只是孔子传授的典籍，而非孔子本人的观点。说孔子主张"禅让说"并加以大肆渲染的，是"言必称尧舜"的孟轲。他对尧舜禹之间的所谓"禅让"作了绘声绘色的描写，发挥得淋漓尽致。现摘其要者如下：

昔者，尧荐舜于天，而天受之；暴之于民，而民受之。……舜相尧二十有八载，非人之所能为也，天也。尧崩，三年之丧毕，舜避尧之子于南河之南。天下诸侯朝觐者，不之尧之子而之舜；讼狱者，不之尧之子而之舜；讴歌者，不讴歌尧之子而讴歌舜，故曰"天也"。夫然后之中国，践天子位焉。……昔者，舜荐禹于天，十有七年，舜崩，三年之丧毕，禹避舜之子于阳城，天下之民从之，若尧崩之后不从尧之子而从舜也。禹荐益于天，七年，禹崩，三年之丧毕，益避禹之子于箕山之阴。朝觐讼狱者不之益而之启，曰："吾君之子也"；讴歌者不讴歌益而讴歌启，曰："吾君之子也"。丹朱之不肖，舜之子亦不肖。舜之相尧、禹之相舜也，历年多，施泽于民久。启贤，能敬承继禹之道。益之相禹也，历年少，施泽于民未久。舜、

第四章　万邦并存唐虞兴

禹、益相去久远，其子之贤不肖，皆天也，非人之所能为也。莫之为而为者，天也；莫之致而至者，命也。……孔子曰："唐虞禅，夏后殷周继，其义一也。"[①]

这段话是孟子答弟子万章问时说的。万章的问题是：为什么禹不像尧、舜那样传贤而传子？孟子不好回答，只好说这都是天意。"天与贤，则与贤；天与子，则与子"。可见，孟子的禅让说是按照他自己的天命观编制出来的，并无多少历史根据。

然而，此说在《尚书·尧典》诸篇中却被编成真实的历史。其中谈到，帝尧开初想让位给四岳，四岳不受，并将舜推荐给帝尧。帝尧把二女许配给舜而授之政，舜果然政绩不凡，解决了帝尧不能解决的问题。帝尧死后，舜先辞让了一番，然后到太庙去朝拜"文祖"，并祭祀天地神祇，践天子位。禹承帝舜，在舜死后也举行了同样的登基仪式和典礼。

《尚书·尧典》诸篇即所谓《虞书》，系战国时儒家后学之作，清人阎若璩辨之甚详，本不可信。尽管其中包含着一些重要的合理的史影，但从总体上说是错误的。它代表着

---

① 《孟子·万章》上。

儒家的一种倒退的历史观，即认为历史的发展是一代不如一代，只有唐虞时代才是最理想的盛世。

持禅让说的还有墨家。《墨子·尚贤》上云："古者尧举舜于服泽之阳，授之政，天下平；禹举益于阴方之中，授之政，九州成。"同书《尚贤》下又云："昔者舜耕于历山，陶于河滨，渔于雷泽，贩于常阳，尧得之服泽之阳，立为天子，使接天下之政，而治天子之民。"这无异于说尧舜是在进行禅让了。不过，墨家的禅让说与儒家的有所不同。它倡导尚贤，主张"虽在农与工肆之人，有能则举之"[①]；"选天下之贤可者，立以为天子"[②]。舜就是这样的人，所以被尧选中了。墨家盛称大禹之功绩，也由于此。对此，《韩非子·显学篇》中有一段很有趣的评论，说：

孔子、墨子俱道尧、舜，而取舍不同，皆自谓真尧、舜。尧、舜不复生，将谁使定儒、墨之诚乎？殷、周七百余岁，虞、夏二千余岁，而不能定儒、墨之真，今乃欲审尧、舜之道于三千岁之前，意者岂可必乎！无参验而必之者，愚也；弗能

[①]《尚贤》上。
[②]《尚同》上。

必而据之者，诬也。故明据先王，必定尧、舜者，非愚则诬也。

谈到禅让的还有道家，不过因其观点不同于儒、墨，而另有一番情趣。在《庄子·让王》中有这样一段寓言，不妨引来一观：

尧以天下让许由，许由不受；又让于子州支父。子州支父曰："以我为天子，犹之可也。虽然，我适有幽忧之病，方且治之，未暇治天下也。"夫天下至重也，而不以害其生，又况他物乎！唯无以天下为者，可以托天下也。舜让天下于子州支伯，子州支伯曰："予适有幽忧之病，方且治之，未暇治天下也。"故天下大器也，而不以易生。此有道者之所以异乎俗者也。舜以天下让善卷，善卷曰："余立于宇宙之中，冬日衣皮毛，夏日衣葛絺。春耕种，形足以劳动；秋收敛，身足以休食。日出而作，日入而息，逍遥于天地之间，而心意自得。吾何以天下为哉？悲夫！子之不知余也。"遂不受。于是去而入深山，莫知其处。舜以天子让其友不户之农，不户之农曰："捲捲乎，后之为人，葆力之士也。"以舜之德为未至也。于是夫负妻戴，携子以入于海，终身不返也。……舜以天子让其友北人无择，北人无择曰："异哉！后之为人也，居于吠亩之中，而游尧之门。不若是而已，又欲以其辱行漫我。吾羞见之。"因自投清冷渊。

还有这样的说法，尧以天下让许由，许由听后以为污染了自己的耳朵，在洗耳之后，逃至箕山之阴，"娱于颍阳，耕而食"。庄子认为，"道之真以治其身，其绪余以为国家，其土苴以治天下"。所以，他们视天下如粪土，对尧、舜禅让是鄙视的。

不过，尊奉道家思想的韩非对此又有不同的看法。他认为，尧、舜、禹之时居住简陋，衣食粗恶，还要"身执耒臿"从事艰苦的劳动，和狱卒与奴隶差不了多少，绝不可与后世的帝王相比。"以是言之，夫古之让天子者，是去监门之养而离臣虏之劳也，故传天下而不足多也。"[1]韩非之所以有此观点，是与他的历史进化观分不开的。

由此可见，诸子百家对所谓禅让的看法是各不相同的，而这种不同则直接与他们的政治观点和现实政治态度有关系。实际上，他们都是用自己的观点编排古往的历史，而这样安排的历史并非真实的历史，是可想而知的。别的不说，他们

---

[1] 《韩非子·五蠹》。

第四章　万邦并存唐虞兴

都认为这段历史上已出现了大一统的局面,就是不可想象的。历史刚进入甚至还未进入文明时代,怎么可能就出现大一统的局面呢?

其次,和禅让说针锋相对的有篡夺说。此说首见于《竹书纪年》,即魏国的史记。由于《竹书》原文已经失传,我们只能得到一些零星的记录,如下:

昔尧德衰,为舜所囚也。[1]

舜囚尧,复偃塞丹朱,使不与父相见也。[2]

舜囚尧于平阳,取之帝位。[3]

舜放尧于平阳。[4]

后稷放帝子丹朱于丹水。[5]

益干启位,启杀之。[6]

益为启所诛。[7]

---

[1]　《括地志》引《竹书》。
[2]　同上。
[3]　《广弘明集》卷一一引《汲冢竹书》。
[4]　《史通·疑古》引《汲冢书》。
[5]　《括地志》引《汲冢纪年》。
[6]　《晋书·束皙传》引《纪年》。
[7]　《史通·疑古》引《汲冢书》。

毋庸赘言，这些和儒家之论、特别是孟子那篇天方夜谈，是大相径庭的。遗憾的是，这里缺乏关于舜和禹的关系。禹对舜是不是也采取了同样的手段呢？查《韩非子·说疑》中有这样一段话，也许可以弥补这个缺陷。其文曰："舜逼尧，禹逼舜，汤放桀，武王伐纣，此四王者，人臣弑其君者也，而天下誉之。"这段话的意思与《竹书》有些相符，说不定是取材于《竹书》的。

战国游说之士对禹、益和启的关系有另外一种看法，认为禹让位于益是假，而传位于子启是真。《战国策·燕策》一有云："禹授益，而以启人为吏。及老，而以启为不足任天下，传之益也。启与支党攻益，而夺之天下。是禹名传天下于益，而实令启自取之。"照此说来，大名鼎鼎的夏禹简直是一位大阴谋家，而其子启无疑是一位野心家了。

当然，这些也都是后人的看法。它所反映的是另一种历史观，也非真实的历史。因为尧、舜的时代距战国已近两千年，那时又无文字记录，后人无论如何是说不清楚的。

不过，篡夺说不无一定的道理。禅与嬗、坛、弹等音同义通。所以，禅让就是让坛，即把天地社稷拱手让出来。古代社稷意为国家政权，国家权力岂有拱手让人之理！难怪曹丕逼汉献帝让位后说道："舜、禹之事，我知之矣！"禅让者在特

第四章　万邦并存唐虞兴

定的环境和情况下，是不得不让的。但这也只是说，篡夺说比禅让说合乎情理一些，而不能说篡夺说就是历史的真实。因为，这种说法同样是以天下大一统为前提的。如前所说，那时还不可能出现一统天下。

最后谈一下自然递禅说。此说出自《荀子·正论》。他坚决反对禅让说而又否定篡夺之论，认为往古的王位是在有圣德之人中自然传承的。其说如下：

世俗之为说者曰：尧、舜擅（禅）让。是不然！天子者，势位至尊，无敌于天下，夫有谁与让矣？道德纯备，智惠（慧）甚明，南面而听天下，生民之属，莫不振动从服以化顺之；天下无隐士，无遗善；同焉者是也，异焉者非也，夫有恶擅天下矣？曰："死而擅之。"是又不然。圣王在上，决德而定次，量能而授官，皆使民载其事而各得其宜；不能以义制利，不能以伪饰性，则兼以为民。圣王已没，天下无圣，则固莫足以擅天下矣。天下有圣而在后子者，则天下不离，朝不易位，国不更制，天下厌然与乡无以异也；以尧继尧，夫又何变之有矣？圣不在后子而在三公，则天下如归，犹复而振之矣，天下厌然与乡无以异也。以尧继尧，夫又何变之有矣？唯其徒朝改制为难。故天子生则天下一隆致顺而治，论德而定次；

127

死则能任天下者,必有之矣。夫礼义之分尽矣,禅让恶用矣哉?曰:"老衰而禅。"是又不然。血气筋力则有衰,若夫智虑取舍则无衰。曰:"老者不堪其劳而休也。"是又畏事者之议也。天子者,势至重而形至佚,心至愉而志无所诎,而形不为劳,尊无上矣。……故曰:诸侯有老,天子无老;有禅国,无禅天下,古今一也。夫曰尧舜禅让,是虚言也,是浅者之传,陋者之说也,不知逆顺之理,小、大、至、不至之变者也,未可与及天下之大理者也。

荀子对禅让说的这一通驳斥可谓淋漓痛快。他驳斥的是谁呢?看来还是孟子之徒。在《非十二子篇》中,他曾指斥子思、孟轲为鄙陋的腐儒,而孟子恰恰是禅让说的倡导者。在这里,从字里行间都流露出他和孟子的对立。例如,孟子主张人性善,荀子主张人性恶,"其善者伪也";孟子言义不及利,荀子则认为"义者,利之分也"。所谓"以义制利","以伪饰性",就明确地表达了荀子的观点。在荀子看来,有圣德的王者,必然隆礼重义,完善法度,选贤举能,让士农工商各得其所。天下之人都明礼义,习法度,无作奸犯科之举。不管是传子还是传之三公,都不会改变先王的礼义法度,而禅让则意味着改朝更制,所以是根本不会有的。从这里不难窥知，荀子是把禅让视为叛逆的。因此说，有这种论调的人就是"不知逆顺之理，小、大、至、不至之变者也"。这种不能大理的皮毛之论，只能是"浅者之说，陋者之传也"。

毫无疑问，荀子也是按照自己的观点勾画尧、舜、禹之间的关系的。而且，他同样肯定了当时的天下大一统，并为这种大一统制造了一个不变的道统。但他认为这个道统可以自然传承，而不必禅让或世袭，却提供了某种契机，即有道之人都是可以继承这个道统的。也可以说，有圣德的王者是不会指定继承人或明令传之子孙的。这就包含了更大的合理性，天下总是由圣德之人来接替而治的。虽然这也只能是一种乌托邦，在现实社会中是难以实现的，但我们不能由此而否定其积极意义。

如实而论，尧、舜、禹之间确实没有什么传承关系。他们所代表的是三个不同的社会集团：陶唐氏、有虞氏和夏后氏。所以，无论是禅让或篡逆，都是说不上的。当然，不同的社会集团之间会发生联合或兼并。但联合和兼并绝不等于禅让和篡逆。这三个不同的社会集团各有其兴衰史，只是它们兴起的时间有先后而已。从这种意义上说，荀子的见解倒是比较合理的。

不仅陶唐氏、有虞氏、夏后氏是各不相同的社会集团，由儒家安排为尧、舜之大臣的如皋陶、伯益、高阳氏之八子和高辛氏之八子、四岳、共工、契、弃、夔、龙等等，也都是各不相同的社会集团。且不说它们兴起的年代和地域各不相同，就从这种安排来说，也是有破绽的。如帝尧在召开会议讨论治水人选的时候，参加的只有四岳和共工，他们推荐的人选据说是禹的父亲鲧。而帝舜任用的除禹和四岳外，则多半是偏东部的人，如皋陶为士师（大法官），伯益驯化鸟兽，契为司徒，高阳氏和高辛氏之八子各有分职。至于周祖弃，他只是和夏朝有关系，和尧、舜是靠不上的。而且奇怪的是，鲧因治水失败被殛于羽山，共工氏不知为什么也被流放到幽州去了。还有，在帝舜的统治下，帝尧部全盘失势。到夏朝时候，帝舜部和其大臣们也大半失势，这也是不可理解的。

实际上，这帮圣主贤佐多非实有其人，而是氏族部落之名或其神祇，也可说是半人半神、似神似人的偶像。当然，他们都有其社会载体，但把他们编排在一起，也不过是一幅群神图或封神榜。就是帝尧和帝舜这些圣主都是后人封的。所以，我们不能就这幅群神图来探讨中国文明史，而只能透过这幅画图发现其社会载体，进而找到与之相应的考古文化，以此探讨华夏文明的起源。

第二节　万国并存唐虞兴

按照人类历史的发展行程来说，最初是原始血缘集团，父母与子女均可发生婚配关系。进而是原始亚血缘集团，即排除父母与子女之间的配婚关系，而兄弟姊妹之间仍可发生配婚关系。再次是氏族集团，这时连兄弟姊妹之间的婚配关系也被排除了。结果就只能实行氏族外婚制，在氏族与氏族之间结成婚姻集团。同时氏族内部逐渐分解为家族，在家族之间互相通婚。至于氏族是母系的还是父系的，抑或是双系的，则无关紧要。所谓先有母系氏族，再有父系氏族，把氏族社会分为两个阶段，这是不妥当的。或许有这种情况，但非人类历史发展中的通例。从氏族集团发展为姓族部落集团，每个姓族部落集团内部分为宗族与家族，这时文明社会就到来了。其表现就是同一姓族的不同宗族分别建立国家，进而形成不同姓族国家的联合体。中国文明的早期阶段，即所谓万邦时期，就属于这种情况。尧、舜、禹的传说也只能从这里找线索。

先说黄帝集团，如前所说，"黄帝之子二十五人，其同姓者二而已，唯青阳与夷鼓皆为己姓。青阳，方雷氏之甥也；夷鼓，彤鱼氏之甥也。其同生而异姓者，四母之子别为十二姓。黄帝之子二十五宗，其得姓者十四人，为十二姓：姬、酉、祁、己、滕、葴、任、苟、僖、姞、儇、依是也。唯青阳与苍林同于黄帝，故皆为姬姓。"① 这二十五宗中之未得姓者，应是尚未发展到姓族部落阶段。得姓者中之同姓者系和少皋氏集团混血而成，按传统的说法，青阳即少皋也。十二姓中，立国之可考者如下：

姬姓之国除后来由周朝分封者外，其早者主要分布在两个地区：一个在今桐柏山以南、汉水以东地区，总称"汉阳诸姬"，计有唐、随（曾）、沈、顿等和巴国。巴国或以为武王少子之封国，恐非是。这些国家可能是随陶唐氏帝尧南下建立的。另一个地区是今晋、豫、陕之间至晋中，计有耿、霍、杨、魏、虞、芮、贾、荀、滑、焦等等。此外，还有较晚的骊戎、狐戎和大荔戎等。汉阳诸姬，楚实尽之，即为楚国所并灭。北方诸姬后多灭于晋。东方还有几个姬姓之国，如阳（今山东沂水）、极（今山东鱼台）、郜（今山东济宁）、邿等等。所谓"唯青阳与苍林同于黄帝，故皆为姬姓"，可能即指这些姬姓之国。

姬姓之国可考者有密须、南燕、倡国等。密须首见于《诗·大

---

① 《国语·晋语》四。

第四章 万邦并存唐虞兴

雅·皇矣》，说文王时"密人不恭，敢距大邦，侵阮徂共"。文王出兵灭之。《史记·周本记》和周原出土甲骨中均有伐密须之文，其地在今甘肃灵台县境。南燕首见于《左传》隐公五年："卫人以燕师伐郑。"孔疏云："南燕国，姞姓，黄帝之后也。始祖为伯儵。小国无世家，不知其君号谥。"另据《左传》宣公三年，说郑文公有贱妾燕姞，生公子兰。后郑国因立嗣君发生内乱，文公逐群公子，公子兰奔晋。郑大夫石癸力主纳公子兰为君，说"吾闻姬、姞耦，其子孙必蕃。姞、吉人也，后稷之元妃也。今公子兰，姞甥也，天或启之，必将为君，其后必蕃，先纳之可以亢宠"。公子兰即位后为郑穆公，其子孙七穆世掌国政。南燕立国于何地，据《汉书·地理志》东郡南燕条下注云："南燕国，姞姓，黄帝后。"在今河南延津县境。偪国见于《左传》文公六年，时晋襄公卒，诸卿议立嗣君，赵盾曰："杜祁以君故，让偪姞而上之。"杜注："偪姞，姞姓之女，生襄公为世子，故杜祁让使在己上。"孔疏云："偪为国名，地阙不知所在。"估计离晋国不会太远。此外，姞姓这国尚有尹、先、雍、蹶等，已不可考。凡不可考，均说明其立国于久远，后人已难得其评矣。

任姓之立国者亦为数不少。据《左传》隐公十一年，滕侯、薛侯来朝于鲁，互相争长，薛侯说他先受封，应在滕侯之前。

133

滕侯说他是周之卜正，应在薛侯之前。隐公使羽父请于薛侯，说"周之宗盟，异姓为后。寡人若朝于薛，不敢与诸任齿"。薛侯随而让步，乃长滕侯。这里提到诸任，即任姓诸国。孔疏曰："《世本·姓氏篇》云：任姓：谢、章、薛、舒、吕、祝、终、泉、毕、过。言此十国皆任姓也。"这十国中可考者首推薛国。《左传》定公四年："薛之皇祖奚仲居薛以为夏车正，奚仲迁于邳。仲虺居薛，以为汤左相。"其地一在今山东滕县、薛城，一在今江苏邳县。盖薛国之先来自有仍氏和有缗氏，其地均在今山东济宁地区，后来沿微山湖东侧南下，建立薛国和邳国。任姓之国在这一带的居多。《史记·周本纪》载：武王灭商后"封黄帝之后于祝"，《吕氏春秋·慎大》作"命封黄帝之后于铸"，祝、铸同音通用，实指一国。传世铜器中有出土于这一带的铸公簠，其铭云："铸公作孟任车母塍簠"，乃铸公为其女所作之媵器。古女子称姓不称氏，孟任乃铸国之姓，即大任也。祝亦通州，《春秋》桓公五年"州公如曹"，所指也是这个祝国或铸国。当然，任姓之国不全集中于这一带，如商代之任姓挚国，曾与周人联姻，见于《诗·大雅·大明》："挚仲氏任，自彼殷商，来嫁于周，曰嫔于京，乃及王季，维德之行，大任有身，生此文王。"这个挚国在今河南平舆县境。再如谢国，在今河南南阳地区，东周初年才灭亡。其他不可

第四章 万邦并存唐虞兴

考之任姓国家，当早已灭亡矣。

酉姓即婿姓，据东汉王符《潜夫论》，此乃白狄之姓。白狄所建之国有鲜虞、鼓等，均为晋国所灭，故鲜虞一度为姬姓。后鲜虞复国，即战国时的中山王国。傀姓可能是赤狄之姓，赤狄之著者曰鬼方，后来衰落，故赤狄为隗姓。隗与傀是可通的。另外，黄帝之后在北方者还有犬戎。《山海经·大荒北经》有云："黄帝生苗龙，苗龙生融吾，融吾生弄明，弄明生白犬，白犬有牝牡，是为犬戎。"据此，则犬戎分为两支。一支即甲骨文中之犬侯，曾奉商王之命攻周。周人称之为昆夷或混夷。文王攻之，这支犬戎西迁于今甘肃天水地区，与羌人杂处。另一支犬戎，据《史记·赵世家》提供的线索，就是代国，其地当今山西代县。唯犬戎之姓，则史籍阙如。不知其属于黄帝十二姓中哪一姓？也许是未得姓者。另据《山海经·大荒西经》："黄帝之孙曰始均，始均生此北狄。"黄帝确实与戎狄有关系。其得姓者殆即戎狄中之先进部分耳。

在黄帝十二姓中，滕、葴姓已不可考。僖通釐或嫠，嫠古音胎，可能与夏人有关。依可能就是伊，在商代有伊尹。又伊与祁通，故帝尧祁姓，又称伊尧。荀也不可考，只知今山西中部古有荀瑕氏，或即此也。其余可考者有己、祁二姓。

如前所说，己姓出自少昊。实际上，己姓是少昊氏之一支与黄帝支系夷鼓混血而成的。后人将己姓列为颛顼之后祝融八姓之一，其说在《国语·郑语》上：

祝融亦能昭显天地之光明，以生柔嘉材者也，其后八姓于周未有侯伯。佐制物于前代者，昆吾为夏伯矣，大彭、豕韦为商伯矣，当周未有。己姓：昆吾、苏、顾、温、董。董姓：鬷夷、豢龙，则夏灭之矣。彭姓：彭祖、豕韦、诸稽，则商灭之矣。秃姓：舟人，则周灭之矣。妘姓：邬、郐、路、偪阳；曹姓：邹、莒，皆为采卫，或在王室，或在夷狄，莫之数也；而又无令闻，必不兴矣。斟姓无后。融之兴者，其在芈姓乎？芈姓夔越不足命也，蛮越蛮矣，唯荆实有令德，若周衰其必兴矣。

这里共列了八姓二十余国，它们多数是在夏代之前出现的。《史记·楚世家》所载同此而略有出入。不过，其中说颛顼后人曾娶鬼方氏之妹，谓之女嬇，却说明了颛顼后裔确与北方之戎秋有关系。

颛顼后裔中确有与黄帝后裔混血者，但其主体却为夷人。如少皋之为夷人之祖神，是从无疑问的。但少皋之后却分为两支：一支是皋陶之后，另一支是伯益之后。按照传说，皋

第四章 万邦并存唐虞兴

陶是少皋之子,伯益是皋陶之子,可谓祖孙三代,一脉相承。皋陶,偃姓。其后建国者有英、六、蓼和群舒:舒鸠、舒庸、舒蓼、舒龙、舒鲍、舒龚。其地均在今安徽六安、舒城一带。他们到春秋时才为楚国所灭。《左传》文公五年,臧文仲对此曾发出感叹:"皋陶、庭坚不祀,忽诸!德之不建,民之无援,哀哉!"足证,英、六和群舒确为皋陶之后。其实,所谓舒鸠也就是爽鸠氏,是属于少皋之族的。伯益,嬴姓。其后建国者,据《史记·秦本纪》太史公曰:"秦之先为嬴姓,其后分封,以国为氏,有徐氏、郯氏、莒氏、终黎氏、运奄氏、菟裘氏、将梁氏、黄氏、江氏、脩鱼氏、白冥氏、蜚廉氏、秦氏。"这里除秦国较晚外,其余的均相当早。秦国和赵国均出自蜚廉氏,蜚廉氏即费氏,原在今山东费县,是商代才西迁的。其余如郯国、莒国,在今山东郯城、莒县。运奄氏即奄国,在今山东曲阜至滕州间,是商朝的东方强大同盟。徐国在今徐州一带,是周人之强敌,直到春秋时还很有名气。终黎即钟离,在今安徽凤阳。黄国在今河南潢川,江国在今正阳,也不算太弱。梁国初在今汝州,后迁于今韩城。我怀疑它最早可能在今开封,故开封曾称大梁。白冥民应即夏初之伯明氏。菟裘氏和脩鱼氏,不详,当早已灭亡。这里没有提到嬴姓之葛国,葛国在今河南宁陵,是在商初才灭亡的。

少皞之后立国者,可谓群星灿烂。太皞之后较少。据《左传》僖公二十一年:"任、宿、须句、颛臾、风姓也,实祀太皞与有济之祀,以服事诸夏。"任在今济宁境,须句和宿均在东平境,颛臾在今费县境。按理,太皞之后应不止于此。究其原因,可能是它与少皞之一部分汇集到颛顼部中去了。颛顼主要继承太皞,另有高辛氏则主要是众少皞部分化出来的,故后人以高辛氏为帝喾,喾即佸,与皞同音通用。帝喾之后立国可考者有:虞国,在今河南虞城。遂国,在今鲁西。陈国,在今河南淮阳。息国,在今息县境。其他如罗国、卢国和夷虎,也可能是高辛氏之后。商朝和高辛氏也有继承关系。

最后谈一下炎帝之后建立国家者。如前所说,炎帝之后有烈山氏,其后立国无考;有缙云氏,其子饕餮被放逐;有共工氏等等。实可考者有共工从孙四岳之后,四岳宗伯夷,其后建国者有齐、吕、申、许。《诗·大雅·嵩高》说:"崧高惟岳,峻极于天,惟岳降神,生甫及申。"这里说的"惟岳降神",即指伯夷。甫即吕,《尚书·吕刑》就是甫侯所作。至于齐、许为大岳之胤,亦史有明文。而且,许国建立甚早,起码可以赶上帝尧。所谓"尧让天下于许由",就是许国之祖先。其次可考者为有逢氏。《左传》昭公二十年,齐晏婴谈到齐都临淄的历史沿革时说:"昔爽鸠氏始居此地,季蒯因之，有逢伯陵因之，蒲姑氏因之，而后太公因之。"可见，有逢伯陵到齐地至少不能晚于夏代，其立国可查者有纪、向、州、谭等。有人认为，莱夷也是有逢伯陵之后，似不可必。也许莱夷与季蒇也有某种联系。从这里可以看出，为什么少皋之后皋陶和伯益部会迁到江淮流域，成为淮夷。古代国家就是这样迁徙不定，如邹国原在今湖北黄梅境，后来迁到今山东邹县境。

古代之立国尚不止于此，如孤竹、令支、有易、有鬲、汪茫氏、涂山氏、防风氏、有巢氏等等。所谓尧、舜、禹的传说，就是在这种大环境中产生的。

陶唐氏，祁姓，属黄帝之后十二姓之一。有迹象表明，陶唐氏最初活动于今河北中部唐县、行唐一带。《左传》哀公六年引《夏书》佚文："惟彼陶唐，帅彼天党，有此冀方。今失其行，乱其纪纲，乃灭而亡。"冀方指古冀州，包括今晋中南、豫西北和冀中南广大地区，今唐县、行唐在其焉。《帝王世纪》云："尧初封唐，在中山唐县。后迁晋阳。及为天子，都平阳。"《括地志》云："定州唐县东北五十四里有孤山，盖都山也。《帝王世纪》云尧母庆都所居，张晏云：尧山在北，尧母庆都山在南，相去五十里。北登尧山，南望庆都山也。"传说尧母庆都在大雷雨天与龙交合而生帝尧，故尧有龙象。

后庆都与龙俱去,尧登山远望呼唤,故有此说。现河北望都县即因此而得名。

陶唐氏的主支后来迁至今晋南汾水流域,是因为南下受阻。《左传》昭公元年提到一个故事,说"昔高辛氏有二子,伯曰阏伯,季曰实沈,居于旷林,不相能也,日寻干戈,以相征讨。后帝不臧,迁阏伯于商丘,主辰,商人是因,故辰为商星。迁实沈于大夏,主参,唐人是因,以服事夏、商。其季世曰唐叔虞。……及武王灭唐,而封大叔焉,故参与晋星"。这里所说的实沈是不是属于陶唐氏,未可定论。但陶唐氏后来迁居大夏之地,是毫无疑问的。其地安在?《史记·郑世家·集解》引服虔曰:"大夏在汾、浍之间,主祀参星。"《史记·秦始皇本纪·正义》引《括地志》云:"大夏,今并州晋阳及汾、绛等州县。昔高辛氏子实沈居之,西近河。"晋阳即今太原,这里从汾、浍之间向北延伸到晋阳去了。其所以如此,在于对晋国初封之地有不同的说法。如《毛诗·唐风谱》云:"唐者,帝尧旧都之地,今日太原晋阳是。……成王封母弟叔虞于尧之故墟,目唐侯。南有晋水,至子燮改为晋侯。"后人也有以晋阳为尧都者。然《史记·晋世家》云:"唐在河、汾之东,方百里。"足证晋阳说之非。《史记·郑世家·正义》引《括地志》亦云:"故唐城在绛州翼城西二十里。徐才宗《国都城记》云：唐国，帝尧之裔子所封。……《地记》云：唐氏在大夏之墟，属河东安邑县，今在绛城西北一百里有唐城者，以为唐旧国。"现在翼城发现有晋国早期遗址，故应以此说为是。另有平阳说，如《汉书·地理志》平阳条下应劭注曰："尧都也，在平河之阳。"《晋书·刘元海载记》云："平阳有紫气，兼陶唐旧都。"平阳在今临汾市一带。还有蒲坂说，在今永济县境，系附会舜都蒲坂而来。

当然，陶唐氏的分布地区不止于此。如所谓尧子丹朱就居于丹水。丹水是沁水的一条支流，在今晋西南，仍名丹水。另据《吕氏春秋·求人》：尧以十子事舜，说明陶尧氏有众多的分支，东逾太行山，散布到今豫北至鲁西南，故鄄城也有帝尧冢和丹朱城。帝尧陶唐氏之所以能最早雄踞中原，为万邦之长，除了本身的文明程度较高外，还由于它四处征讨不停的结果。据《淮南子·本经训》：

逮至尧之时，十日并出，焦禾稼，杀草木，而民无所食。猰貐、凿齿、九婴、大风、封豨、修蛇，皆为民害。尧乃使羿诛凿齿于畴华之野，杀九婴于凶水之上，缴大风于青丘之泽，上射十日而下杀猰貐，断修蛇于洞庭，禽封豨于桑林。万民皆喜，置尧以为天子。于是天下广狭、险易、远近，始有道理。

这是继颛顼与共工之战以后的又一次大战。所谓"十日并出",实指十几个部落首领同时称王。凿齿,指有拔牙习俗的部落。现已发现,大汶口文化的居民即有此俗,所以,"诛凿齿于畴华之野",实与大汶口文化中的凿齿部落决战。《山海经》中也屡次提到他们,如《大荒南经》说:"大荒之中,有山名曰融天,海水南入焉。有人曰凿齿,羿杀之。"《海外南经》云:"羿与凿齿战于寿华之野,羿射杀之,在昆仑虚东。羿持弓矢,凿齿持盾,一曰持戈。"这里说的寿华即畴华,其地应在今之鲁西南大汶口文化分布区域。大风,指风姓之夷人,青丘在今山东西部,为大皋之后风姓之国。九婴。相传为水火怪物,恐系蚩尤之后,即所谓的九黎。故九婴和蚩尤一样,同死于凶水。封豨或作封豕,意为野猪,实指今豫、鲁之间的古有仍氏,亦即薛国之祖。猰貐又作窫窳,兽名。《山海经》对其形状有多种不同的说法,如牛面赤身、人面马足、蛇身人面、龙首等等。《尔雅·释兽》则说它"类貙虎爪"。或云:猰貐似貙,狸之大者也。据我考查,它就是高辛氏八子中之季狸,实乃商之始祖契。据此,帝尧陶唐氏的确是继黄帝之后,与二皋、蚩尤之后进行过大战。所不同的是,帝尧联合了后羿,而后羿属于夷人。相反,有仍氏为黄帝之后,则站在夷人一边。这说明,在国家形成之后,血缘亲族关系

第四章　万邦并存唐虞兴

已无足轻重，重要的则是由谁来主盟中原了。

帝尧陶唐氏不仅战胜了上述各部落王国，而且南征三苗。所谓脩蛇，或作长蛇，指的就是三苗。《吕氏春秋·召类》云："尧战于丹水之浦，以服南蛮。"所指就是三苗，而丹水则指今丹江。后来这里有一唐国，在今湖北枣阳县境，或云其为姬姓，也可能是祁姓。另有一房国，在今河南遂平县境，祁姓，为丹朱之后。《国语·周语》上有云："昔昭王娶于房，曰房后，实有爽德，协于丹朱。丹朱凭身以仪之，生穆王焉。"可资佐证。很可能，所谓汉阳诸姬，也是随陶唐氏之南征迁到那里去的。

陶唐氏南征三苗，是其主盟中夏的重要原因。帝舜和夏禹也有征伐三苗之举。

苗亦作毛（或髦）。《山海经·海外南经》云："三苗国，在赤水东，其为人相随。一曰三毛国。"毛与蛮同音通用，所以说，"尧战于丹水之浦，以服南蛮"，指的就是三苗。

三苗之祖为传说中之帝鸿氏，帝鸿亦即帝江，实指江神。帝鸿氏有子曰驩兜，为苗民之首领。驩兜亦作驩头、混沌、浑沌、浑敦，盖音近相通也。《山海经》中屡见驩头，或指国名，或述其族渊。如《大荒北经》中说："西北海外黑水之北，有人有翼，名曰苗民。颛顼生驩头，驩头生苗民。"这里说

143

的"颛顼生罐头"系附会帝舜分北三苗而来，不尽如实。《西次三经》中说："有神鸟，其状如黄囊，赤如丹火，六足四翼，浑敦无面目，是识歌舞，实为帝江。"这才是三苗的真正来历。只是这里把浑敦和帝江合而为一了。也许在祭江神时，浑敦是要装扮成这个样子的。

三苗居于何地？《战国策·魏策一》载吴起说："昔者三苗之居，左有彭蠡之波，右有洞庭之水，文山在其南，而衡山在其北。恃此险也，为政不善，而禹放逐之。"彭蠡即今鄱阳湖，洞庭同今名。文山不知所在，或即今南岳衡山。古人在迁徙时，有将其原居地名搬于新居地之习惯。三苗南迁后，将衡山之名移于新地，是完全可能的。如"颛顼降居若水"，本指今河南汝水，后来颛顼之苗裔有迁居今四川者，若水就搬到四川去了。衡山在其北，所指何山，《太平寰宇记》卷一二九和《读史方舆纪要》卷二六均以为就是霍山，然此霍山在今安徽境，距洞庭湖毕竟太远了。以地形论之，上述衡山当即今桐柏山，山在今鄂、豫两省之间，呈东西向，西部有新野走廊可通襄樊，再往西就是丹江了。所谓"尧战于丹水之浦"，就在这一带地方。后来这里有一个邓国，曼姓，曼与蛮通，盖即三苗之后立国者。

三苗沿今桐柏山东西两侧向北发展，进入中原，无论对黄炎之后还是二皋之后来说，都是莫大的威胁。所以，帝尧征服南蛮，是其主盟中夏的重要原因之一。

但是，帝尧陶唐氏的盟主地位并没有维持多久，便被帝舜有虞氏所代替了。究其原因，正如《左传》文公十八年所说：

昔高阳氏有才子八人：苍舒、隤敳、梼戭大临、尨降、庭坚、仲容、叔达，齐圣广渊，明允笃诚，天下之民谓之八恺。高辛氏有才子八人：伯奋、仲堪、叔献、季仲、伯虎、仲熊、叔豹、季狸，忠肃共懿，宣慈惠和，天下之民谓之八元。此十六族也，世济其美，不陨其名，以至于尧，尧不能举。……昔帝鸿氏有不才子，掩义隐贼，好行凶德；丑类恶物，顽嚚不友，是与比周，天下之民谓之浑敦。少皋氏有不才子，毁信废忠，崇饰恶言；靖谮庸回，服谗蒐慝，以诬盛德，天下之民谓之穷奇。颛顼氏有不才子，不可教训，不知话言；告之则顽，舍之则嚚，傲狠聪明，以乱天常，天下之民谓之梼杌。此三族也，世济其凶，增其恶名，以至于尧，尧不能去。缙云氏有不才子，贪于饮食，冒于货贿，侵欲崇侈，不可盈厌，聚敛积实，不知纪极，不分孤寡，不恤穷匮，天下之民以比三凶，谓三饕餮。舜臣尧，宾于四门，流四凶族：浑敦、穷奇、梼杌、饕餮，投诸四裔，以御魑魅。是以尧崩而天下若一，同心戴

145

舜以为天子，以其举十六族去四凶也。

　　这段材料很重要，所以全引出来。文中的一些词汇颇难解读，可以略而不释。重要的是其中的史实。如前所说，高阳氏即帝颛顼，其族类众多，是中原地区的一大势力，但在陶唐氏的联盟中却没有他们的位置。高辛氏或以为即帝喾，也很有点名气，所谓帝舜就代表这一族类，但陶唐氏联盟中在初也没有位置。很自然，皋陶和伯益之族类在陶唐氏联盟中也是没有位置的。所以，在《尚书·尧典》中，当帝尧召开治水会议的时候，参加者只有四岳、共工和所谓禹父鲧。相反，在陶唐氏主盟中夏的年代里却出现了四凶的问题，帝尧无力解决，中原有再度陷入混乱之势。正是在如此严峻的形势下，帝舜部站了出来。它依靠高阳、高辛各部，团结皋陶、伯益各部，同四凶进行斗争，把它们全都赶跑了。

　　四凶之一就是帝鸿氏之不才子浑敦，亦即三苗之首领。《左传》昭公元年："虞有三苗"，就是说三苗乃有虞氏之心腹大患。《韩非子·五蠹》云："当舜之时，有苗不服，禹将代之。舜曰：'不可。上德不厚而行武，非道也。'乃修教三年，执干戚舞，有苗乃服。"《吕氏春秋·上德》亦有类似之说。同书《召类》则云："舜却三苗，更易其俗。"《尚书·尧典》

第四章　万邦并存唐虞兴

说舜"窜三苗于三危"。《史记·五帝本纪》说舜"分北三苗"。北三苗系对南三苗而言的,指的是从江汉平原向北伸入今河南地区的三苗。对这一部分三苗,帝舜以武力威胁(执干戚舞)促其屈服,变易其俗。其中之顽抗者则放逐于三危。三危,山名,在今敦煌东南二十里。故《山海经·海外西经》有苗民焉。经过这一番周折,北三苗的问题总算彻底解决了。

四凶之二是颛顼氏之不才子梼杌。《史记·五帝本纪·集解》引贾逵云:"梼杌,顽凶无畴匹之貌,谓鲧也。"《正义》亦云:"谓鲧也。凶顽不可教训,不从诏令,故谓之梼杌。"据古本《竹书纪年》:"颛顼产伯鲧,是维若阳。"《世本》与《大戴礼记·帝系》亦云"颛顼产鲧"。可见,梼杌即鲧。按传统说法:鲧是禹的父亲,本不属颛顼系统,何以得为颛顼之子?实则,鲧就是共工。共工之合音或急读就是鲧,有时共工亦简称共,共与鲧更可同音通用。共工氏曾与颛顼大战,战败而以头触不周之山,好像他已经死了。其实,共工部并未消灭,只是音变为鲧,臣服于颛顼部,并与颛顼后裔之己姓通婚结盟而已。故鲧之妻名脩己。脩己者,长蛇也。不仅如此,共工氏治水失败和其子句龙治水成功,和鲧与禹的治水事迹也是相同的。梼杌作为四凶之一,其主要劣迹就是像共工那样"欲壅防百川,堕高堙庳,以害天下"。故《国语·周语》下云:

"其在有虞，有崇伯鲧，播其淫心，称遂共工之过。尧用殛之于羽山。"这里说尧殛鲧于羽山，是不对的。它书多作舜殛鲧于羽山。殛即放逐，从有关材料看，鲧确实被放逐了。鲧，允姓。羽山，据《后汉书·贾复传》，"复亦聚众于羽山"，其地在今南阳之西。后来这里有一个允姓都国，当为鲧之后裔。春秋时晋惠公从瓜州（敦煌一带）招来一支姜戎，其首领戎子驹支自称："昔先王居梼杌于四夷，以御魑魅，故允姓之迁居于瓜州。"殷墟甲骨文中的工方，也应属鲧之后裔。其在周代，则有猃狁（猃狁），猃狁为匈奴之前身，故史公曰："匈奴，夏后氏之苗裔也。"

其他二凶：穷奇和饕餮的具体情况不明。我疑穷奇可能是帮助帝尧的后羿，后羿为有穷氏之国君，以善射著称，奇与羿，形近而伪。它曾一度被逐出中原，至夏初又跑回来捣乱，终于灭亡。不过，《吕氏春秋·恃君》却说："饕餮、穷奇之地"在雁门之北。因为，缙云氏本居于今之山西。据《史记·五帝本纪·集解》引贾逵云："缙云氏，姜姓也，炎帝之苗裔，当黄帝时任缙云之官也。"饕餮，后世以为是吃人兽，在铜器上多有这种纹饰。

无论如何，这四个凶族：浑敦、穷奇、梼杌、饕餮，是被从中原赶跑了。所谓"投诸四裔"，即四方边远之地。在

第四章 万邦并存唐虞兴

古人看来，凡边远之地，都是妖魔鬼怪出没的地方。

由于帝舜有如此大的功绩，所以他能继帝尧为华夏盟主。在帝舜的朝廷中，据后人的安排，可谓人才济济。其中有高阳氏之八族，高辛氏之八族，皋陶，伯益，禹，四岳，契，后稷，夔，龙等等。有趣的是，在这幅群神谱中却没有陶唐氏族类的位置。这表明，所谓尧舜之间的禅让是不足为训的。当然，帝舜对帝尧可能有臣服关系，但决不像后世那种君臣关系，最多不过是一种属国关系而已。

帝舜有虞氏属古夷人的一大支系。《孟子·离娄》下篇云："舜生于诸冯，迁于负夏，卒于鸣条，东夷之人也。"诸冯其地，或云在今诸城，或云在鲁西南，均为古夷人活动地区。《史记·五帝本纪》说："舜耕历山，渔雷泽，陶河滨，作什器于寿丘，就时于负夏。"其他古籍也有类似说法。历山，据《淮南子·原道训》高诱注，谓在注阴成阳，或曰济南历城。雷泽，《括地志》云："濮州雷泽县，本汉成阳县，在州东南九十一里。《地理志》云成阳属济阴郡。"同书又云："濮州雷泽县有历山、舜井，又有姚虚，云舜生处也。"这些地方，均在今鄄城县境。陶河滨，据《史记·五帝本纪·集解》引皇甫谧曰："济阴定陶东南陶丘亭是也"；又云：寿丘在"鲁东门之北"，即今曲阜市。负夏，《集解》引郑玄曰：卫地。卫都濮阳，其

149

地必距濮阳不远。鸣条，在今开封附近。这些地方与陶唐氏相距甚远，分明是两个不同的国家，国与国怎能有继承关系？

再说，帝舜之后有两个主要分支：一支为姚姓，建立虞、观二国；另一支为妫姓，建有陈、息、卢、遂等国。虞国在今河南虞城县，其事见《左传》哀公元年，少康"逃奔有虞，为之庖正，以除其害。虞思于是妻之以二姚，而邑诸纶"。观国事见《左传》昭公元年："夏有观、扈。"其地在今河南范县观城镇。这些国家和陶唐氏之后建国者均无任何关系。

当然，说帝舜与帝尧有翁婿关系，是事出有因的。帝舜实即高辛氏，有虞氏则出自高辛氏之伯虎部。商人亦祖帝舜，其所出为高辛氏之季狸部。《国语·鲁语》上云："商人禘舜而祖契，郊冥而宗汤。"可证。后人以高辛氏为帝喾，故《礼记·祭法》又云："殷人帝喾而郊冥，祖契而宗汤。"契即狹禘，狹禘则季狸也。至于帝喾，据《初学记》卷九引《帝王世纪》曰："帝喾生而神灵，自言其名曰夋。"是帝喾名夋，即帝夋也。《山海经·海内经》云："帝俊有子八人，是始为歌舞。"这八人与《左传》中所说"高辛氏有才子八人"正合。夋与舜，一音之转耳。由于商人祖帝舜，故舜子名商均。那么，这位帝夋又当何解呢？我认为即前述少皡氏以鸟名官中之"玄鸟氏，司分者也"。夋系一种鸟，实即玄鸟；喾从告音，实

第四章 万邦并存唐虞兴

即少皋氏。少皋都于曲阜，故帝喾首见于鲁国之祀典。商人正是出自玄鸟氏，其证见于《诗·商颂·玄鸟》："天命玄鸟，降而生商，宅殷土茫茫。"这茫茫殷土越过太行山就是陶唐氏之居了。但商人并不是由玄鸟氏单系发展来的，而是与有娀氏相结合的产物。《诗·商颂·长发》云："有娀方将，帝立子生商。"可以为证。故商又称娀商或娀殷。《史记·殷本纪》说的有娀氏之佚女出野行浴，见玄鸟堕其卵而吞之，因孕生契云云，即记此事。《吕氏春秋·音初》亦有此说，大同小异。所谓尧以二妇妻舜，即源于此。后人不明此为商人之祖帝舜，误以为帝舜有虞氏，把有虞氏和陶唐氏扯在一起，是不符合实际的。实则，商人与陶唐氏之关系，是非常明确的。如"陶唐氏之火正阏伯，居商丘，祀大火，而火纪时焉"[1]，就说明商人之祖阏伯对陶唐氏有臣属关系。据我考证，这位阏伯所居之商丘，应于后来越国之阏於附近求之，可能在今清漳水流域。清漳水之西有沁水，沁水支流有丹水，丹朱初居于此。后来大概也是被商人逼走的。

由于误商人之祖帝舜为有虞氏帝舜，编造成尧、舜禅让之说，帝舜有虞氏的都城也就被搬到蒲板（今晋南永济县）

---

[1] 《左传》襄公九年。

去了。实则,这里的有虞氏为姬姓,和姚姓有虞氏是毫不相干的。《管子·小匡》中说,齐桓公"西征,攘白狄之地,遂至于西河。方舟投柑,乘桴济河,至于石沈。悬车束马,逾太行与卑耳之溪,拘泰夏,西服流沙西虞,而秦戎始从。"《国语·齐语》和《史记·封禅书》亦载其事。这里所说太行即今太行山,卑耳或指今中条山,其西之泰夏即大夏之地,西虞在今晋南虞乡县,已近永济矣。其所以称为西虞,是因还有过一个处于东方的姚姓帝舜有虞氏。后人不明于此,误西虞为东虞,以为舜都蒲板,误矣。

虞为虎部落之称,凡有虎部落者皆可用之,正如熊部落然。如高辛氏之仲熊,其后为罗国(今河南罗山一带)。黄帝有熊氏,其后为祁姓陶唐氏。高辛氏伯虎,其后即姚姓有虞氏。黄帝之虎部落,其后即今晋南之古姬姓国。姬姓有虞氏又一分为二,另一支就是周人。周太王之长子名吴太伯,次子名虞仲。吴太伯即虞伯也。王季次子名虢仲,三子曰虢叔,四子名虢季,均与虎部落有关系。由此言之,王季乃虞季,文王乃虢伯也。正由于此,太伯、虞仲最早出奔之地名西吴,西吴亦即西虞,在今陕西宝鸡附近。周人和虞国同祖后稷,并与有邰氏发生过婚姻联盟关系。但周人之祖又和姞姓与姜姓有婚姻联盟关系,所以周人之祖后稷是姜嫄的儿子。今之学者不明于此,

第四章　万邦并存唐虞兴

以为周人起源于今之晋南临汾盆地,又误矣。

总之,帝舜有虞氏与帝尧陶唐氏之间没有继承关系。所谓禅让,也不过是由帝舜代替帝尧为华夏盟主而已。帝尧与丹朱之间也不是后世那种父子关系,而是父子部落关系。丹朱之所以不能继帝尧为盟主,并不是由于它如何缺德,而是由于它开始就在与姬姓有虞氏的斗争中遭到失败,古本《竹书纪年》中说的"后稷放帝丹朱于丹水",指的就是姬姓有虞氏之后稷;后来它又受到商人的逼迫,只好南迁了。

但是,继帝舜而为华夏盟主的却是夏后氏,这又是为什么呢?且看一下夏后氏之来历。

如前所说,禹父鲧实即共工氏之音变。共工与颛顼战而不胜,后臣服于颛顼,并与颛顼后裔之中己姓通姻结盟,因而得以生存下来。鲧因此也就成了颛顼之子,就像后代的儿皇帝一样。共工氏是古羌人的一支,鲧之子禹当然也属于古羌人。所以《史记·六国年表》说:"夫作事者必于东南,收功实者常于西北,故禹兴于西羌。"《集解》引皇甫谧曰:"孟子称禹生石纽,西夷人也。传曰:禹生自西羌是也。"《正义》云:"禹生于茂州汶川县,本冉駹国,皆西羌。"《史记·夏本纪·正义》引《帝王世纪》云:"父鲧妻脩己,见流星贯昴,梦接意感,又吞神珠薏苡,胸坼而生禹。名文命,

153

字密,身九尺二寸长,本西夷人也。《大戴礼》云:高阳之孙,鲧之子,曰文命。杨雄《蜀王本纪》云:禹本汶山郡广柔县人也,生于石纽。"又引《括地志》云:"茂州汶川县石纽山在县西北三十里。《华阳国志》云:"今夷人共营其地,方百里不敢居牧,至今犹不敢放六畜。"汶川在今四川茂汶羌族自治县一带,说明夏后氏确与羌人有关系。当然,说禹生于这里的石纽山,是不确切的。实际的情况可能是,夏后氏的一个分支到了那里,也把禹之生地带过去了。

夏后氏与后来之羌人冉骁部有关系,禹父鲧则与后来之羌人白马部有关系。《山海经·海内经》云:"黄帝生骆明,骆明生白马,白马是为鲧。"所云白马,乃白马羌也。所以,鲧与禹并不是后世那种父子关系,而是父子部落关系。

西羌亦称西夷或西戎,故禹亦被称为戎禹。如《潜夫论·五帝德》云:"后嗣修己,见流星,意感生白帝文命戎禹。"《太平御览》卷八二引《尚书·帝命验》云:"禹,白帝精,以星感。修己山行,见流星,意感栗然,生姒戎文命。"注云:"姒,禹氏。禹生戎地,一名文命。"这里所说白帝精,是有来历的。《左传》昭公元年:"昔金天氏有裔子曰昧,为玄冥师,生允格、台骀。台骀能业其官,宣汾、洮,障大泽,以处大原。帝用嘉之,封诸汾川,沈、姒、蓐、黄、实守其祀。今晋主汾而灭之矣。由此言之，则台骀汾神也。"按传统的说法，金天氏就是白帝少皋氏，金天的远门儿子只能是白帝精化为流星所生了。其后代之允格，实指允姓之鲧，台骀则指姒之夏后氏。后世所谓有邰氏，即有姒氏也。

由此而言，夏后氏本居汾水流域大夏之地，但后来由于高辛氏之子实沈迁来了，它只得向南退走，进入今运城盆地。如前所说，陶唐氏同实沈有关系，夏后氏因此就和陶唐氏发生了联系，成为陶唐氏的臣属。陶唐氏出自黄帝有熊氏，禹父鲧经过一番仪式，也就成了黄帝之后了。《左传》昭公七年："昔尧殛鲧于羽山，其神化为黄熊，以入于羽渊，实为夏郊，三代祀之。"实指此事。黄熊据说是三足鳖，而且是一种神鳖，比起黄熊来只缺一条腿，看来这条腿是被打断了。所以，这种三足鳖也可理解为缺一条腿的黄熊。因为是神鳖，所以是住在天上的。黄帝号轩辕氏，轩辕却天鼋之音转。鼋，大鳖也。

在帝舜取代帝尧而为华夏盟主的时候，陶唐氏已趋于衰微，夏后氏开始活跃起来。其表现之一，就是越过黄河，乘机攻取共工氏之故地。《荀子·议兵》、《成相》和《战国策·秦策》均有"禹伐共工"或"逐共工"之说，盖指此事。《尚书·尧典》和《大戴礼·五帝德》则有尧、舜"流共工于幽州"之说，亦指此事。其所以不提"禹伐共工"，实因共工即鲧，

155

鲧为禹父，儿子怎能打老子呢？然而，事实上禹是进攻过他老子的。要不，禹怎能进入洛阳盆地，据九州之险以治水呢？而且，禹之治水是由四岳来辅佐的，四岳只有于今嵩山周围地区求之。

夏禹的功绩之二，是南征三苗。《墨子·非攻》记此事最详，其文云："昔者三苗大乱，天命殛之。日妖宵出，雨血三朝，龙生于庙，犬哭乎市，夏冰，地坼及泉，五谷变化，民乃大振。高阳乃命禹于玄宫。禹亲把灭之瑞命，以征有苗，雷电悖（勃）振（震），有神人面鸟身，奉珪以待，搤矢有苗之祥（将）。苗师大乱，后乃遂几。禹既克有三苗，焉历为山川，别物上下，乡制四极，而神民不违，天下乃静。"这里的三苗指衡山以南的三苗，是三苗的主体部分，禹把他们彻底粉碎了。

值得注意的是，禹征三苗时"高阳命禹于玄宫"，而征途中又有"人面鸟身"之神来保护。这说明，禹治水成功后继续与颛顼部结盟，并通过颛顼部和高辛部、皋陶部、伯益部结成了联盟关系。结果，禹就代帝舜而主盟华夏。据史书记载，"禹会诸侯于涂山，执玉帛者万国"，可谓万邦来朝。而且，禹在这个万国联盟中具有相当高的权威性，史载"昔者禹合诸侯于会稽之山，防风氏之君后至，禹杀而戮之"。涂山氏，据说在今安徽寿县，会稽在今浙江绍兴境。禹的势

第四章 万邦并存唐虞兴

力已经伸展到长江下游去了。正由于此,禹被后人称为夏朝开国之君,为夏、商、周三王之首。而舜子商均,即商朝的祖先,在这种形势下,只得向北发展了。到夏朝衰亡时,成汤才返回来,灭夏而据有天下。

至此,万邦并立的局面宣告结束,或者说初步告一段落。这段历史告诉我们什么呢?

一、所谓万邦,指早期城市国家。在史籍中有黄帝作城、鲧作城和禹作城之说,即其具体反映。尧、舜、禹不过是万邦的几个城邦盟主而已。当然,城邦并不一定都有城郭,但城市的出现毕竟是早期城市国家的一个重要标志。

二、我国早期的城市国家都是宗族国家。如《尚书·尧典》中说,帝尧"克明俊德,以亲九族;九族既睦,平章百姓;百姓昭明,协和万邦。"九族,按汉代今文经学家的解释,即父族四、子族三、妻族二,合为九族;古文经学家则释为,以本身为基数,上、下各推四代,共九代为九族。此两说均不可取。实际上,九族应指众多的父权制家族。"九",言其多也。由家族构成宗族,是我国古代社会的特征,后来的宗族共政即由此而来。百姓,古代指贵族。"平章百姓",即判别贵族的等级身分,而等级身分是依姓氏之高下来确定的。万邦即万国,"万",言其多也,并非实数。"协和万

157

邦",意为调解它们之间的矛盾,把它们团结在自己周围。这是盟主的重要任务。此情此景,酷似春秋时期的诸侯会盟,是早期城市国家出现时的特有现象。顺带指出:《尚书·尧典》虽作于战国,但因去古未远,而且有春秋时期的诸侯会盟可鉴,所以这段话基本上符合三代之前的实际状况。在万国时代,也有一个列国兼并和争霸的问题。

三、在万国时代出现了阶级和等级。不仅此也,在万国纷争中还出现了奴隶。《国语·周语》下记有太子晋的一段话,足以说明这个问题,录之于下:

唯有嘉功,以命姓受祀,迄于天下。及其失之也,必有慆淫之心间之,故亡其氏姓,踣毙不振,绝后无主,湮替隶圉。夫亡者岂繄宠,皆黄炎之后也。

无亦鉴于黎、苗之王,下及夏、商之季,上不象天,而下不仪地;中不和民,而方不顺时;不共神祇,而蔑弃五则。是以人夷其宗庙,火焚其彝器,子孙为隶,下(或作不)夷于民。

这段话的可贵之处,就在于说战败之族姓宗族要沦为奴隶。而且,战败之族中有黎苗之王。黎指九黎,蚩尤为其君长。苗指三苗,驩兜是其君长。他们战败后,"子孙为隶",

其子孙都变成奴隶了。当然,九黎和三苗不会全部成为奴隶。所以,"周余黎民,靡有孑遗",已经所剩无几了。今晋、豫之间的黄河有髳津渡,髳者,髦也,其得名与苗民有关系。

四、在这个时期出现了刑罚,有了法律。制定法律者不止一人,其中著名的则是《世本·作篇》中所说的"皋陶作刑"。据《尚书·舜典》:帝舜命皋陶作"士",即国家法官。他制定的法律是:"象以典刑,流宥五刑,鞭作官刑,朴作教刑,金作赎刑,眚(省)灾肆赦,怙终贼刑。""象以典刑",指象征性的处罚,如后世之剃去双鬓之类,此类处罚虽轻,但当众亮相,也是让人受不了的。"流宥五刑"中,除流放和赦免以外,其余三种均为体刑。鞭子和板子(扑,或为荆条)都是刑具。金指罚金,以铜赎罪。眚灾指有悔改表现,怙终指怙恶不悛(改悔)。这些刑律为后世所沿用,如《左传》昭公十四年引《夏书》曰:"昏、墨、贼,杀。皋陶之刑也。"就是晋大夫叔向在断案时说的。《世本·作篇》还有"伯夷作五刑"之说,其五刑是:黥刑(刺字)、荆刑(砍足)、聅劓刑(割耳鼻)、宫刑(破坏生殖器、女子则幽禁)、大辟(杀头),另外抽鞭子、打板子、赎金之类,则不在其内。这是周代制定刑律的依据。《尚书·吕刑》即出自吕侯之手,伯夷是其始祖,故其中曰:"伯夷降典,折民惟刑。"

即用刑罚作为社会行为的规范。在《尚书·吕刑》中还提到："苗民弗用灵，制以刑。惟作五虐之刑，曰法。杀戮无辜，爰始淫为劓、刵、椓、黥。越兹丽刑并制，罔差有辞。"据说，这是三苗灰之的主要原因。其实，到了阶级社会，总要有刑罚的。当然，滥用刑法、杀戮无辜，无论于古于今，都是不对的。我国古代讲究"赏不僭而刑不滥"，很有道理。

五、在这个时期出现了天文历法。这是衡量我国古代文明社会的根本标志。因为，天文历法中包含着天文知识、历史知识、地理知识、文字及其相关的东西，是衡量社会发展水平的综合指标。古代所说"遵天常"或"乱天常"，所指即是否按自然规律办事。后世所说的"正朔"亦指此而言。"正朔"改易，许多相应的制度都要改变，包括宫室、舆服、器用、音律等等。所以，帝颛顼之"绝地天通"，意味着文明社会的到来。而陶唐氏之有火正，则说明那时已有成熟的文明。

当然，中国的早期文明是包括在神话之中的，其中的许多人物均非实有其人。如夏朝的建立者大禹其人，禹字古写像草中之蛇或以手持蛇形，显然只是姒姓的标志。但这种情况是世界文明起源中之通例，非独中国古代为然也。

第三节　中国早期文明的再发现

在中国考古文化中，最早发现的是仰韶文化和其后的龙山文化。在社会形态上，开始把仰韶文化说成母系氏族社会，龙山文化则是父系氏族社会。但是，随着近年来考古工作的进展，这种看法受到了严重的挑战。氏族社会无所谓母系和父系两阶段之分，这种生搬硬套，本身就是不恰当的。何况，中国古代的氏族是发展为姓族部落集团，而姓族部落集团内部则分为家族和宗族，由此形成了中国古代文明。这个阶段在夏代之前，没有问题。但早到什么时候，迄无确证。现在我们可以有把握地说，这个阶段就在考古学中所说的龙山文化时期。其明确的证据，就是在龙山文化时期发现了众多的古城址。到目前为止，已经发掘和探知的古城址有：

内蒙包头阿善，凉城老虎山，赤峰东八家；辽宁凌源南城子，敖汉大甸子；河南登封王城岗，淮阳平粮台，郾城郝家台，安阳后岗和孟县古城；山东章丘龙山镇城子崖，寿光边线王，邹平丁公，临淄田汪；湖北天门石家河，共计十五座。其他地区如长江下游则发现有大面积红烧土基址。这些城址，有一些是近年才发现的。就已发现者而论，已可看出万国时代的风貌了。所谓万国时代，实际上是我国的早期城邦时代。

> 华夏文明的起源

　　这些古城址中，以阿善和老虎山石砌围墙址为最早。阿善石砌围墙址属该遗址第三期晚段，其第三期偏晚的年代据碳 14 测定为公元前 3020±180 年或公元前 2915±135 年。其石砌围墙的修筑年代当略晚于此，相当中原龙山文化的初期。老虎山石砌围墙的年代大致同此。中原龙山文化的古城址以郾城郝家台的为早，可惜目前尚无确切的年代测定数据。王城岗古城址的年代为公元前 2455±125 年；平粮台古城址的年代为公元前 2405±175 年，二者均在公元前 2500 年左右，估计郝家台城址可能早二三百年，接近阿善石砌围墙的年代。后岗古城址的年代偏晚一些，但不会晚于公元前 2300 年。城子崖、边线王、丁公古城址，有的下限偏晚，但其上限均不晚于公元前 2000 年。辽宁凌源南城子古城址较早，敖江大甸子的偏晚一些。天门石家河古城址的年代不详，估计也不会晚于公元前 2000 年。中原龙山文化的年代，上限以王油房类型为早，据测定为公元前的 2950±135 年；下限各地不一，大致为公元前 2000 年。所以，各地已发现的古城址，其年代多数都在中原龙山文化的范围内，尽管有地方同时期的文化，其下限偏晚一些。

　　这些古城址的面积大小不一。大者如石家河古城址，其面积有一百余万平米；中等者如城子崖古城址，面积约二十万平米；小者从数万到十余万平米不等。其中少数为石城，多数为土城。由于早期发现的古城址一般偏小，人们往往以夯土墙视之，而不称其为古城址。其实，古代的城邦无论中外，多半都是如此。

这些古城址的发现，证明我国古籍中所载城郭之不虚。如《汉书·郊祀志》下载："黄帝为五城二十楼。"《轩辕黄帝传》云："帝又令筑城邑以居之。"《汉书·食货志》上引晁错云："神农之教曰：有石城十仞，汤池百步。"当然，这里所说城郭偏早一些，但考虑到神农、黄帝均非实有其人，其后奉神农、黄帝为祖而作城郭者，肯定是有的。《世本·作篇》曰："鲧作城郭。"《初学记》卷二四引《吴越春秋》："鲧筑城以卫君，造郭以守民，此城郭之始也。"《艺文类聚》卷六三引《博物志》："禹作城，强者攻，弱者守，敌者战，城郭自禹始也。"这说明，城郭的出现同文明社会中的战争有密切的关系。其目的之一是"卫君"，即保卫君主；二是"守民"，维护其治下的臣民。在原始社会中，部落与部落之间也会有矛盾和冲突，发生剧烈的斗争，但通常是为了争取生存空间，不存在"卫君"和"守民"的问题。所以，那时即使有城郭，也与文明社会没有关系。只是进入阶级社会，战争成了保卫自己、进攻敌人、掠夺财富和奴隶的手段，这时出现的城市才与文明有联系。在万国时代,强者攻,弱者守,敌者战,天下大乱,城郭的出现是合乎规律的。不妨说,这是文明社会到来的重要标志。

但城市的出现也只能是文明社会到来的标志,而不是文明社会的标准。正如商标只能作为产品的标志而非产品的质量标准一样。这是因为:①在文明社会出现之前,也可能由于种种原因而修建城市,如防御野兽、抵御自然灾害等等。②文明社会来到后出现的城市只是社会的一种反映,其本身并不能说明社会的结构和性质。③这种城市一般是在文明社会产生后出现的,而文明社会并不是从这种城市产生的。或者说,文明社会与城市不是同步形成的。所以,要探讨文明的起源,就必须对其时的社会物质生产、经济结构和社会形态进行分析,只在城市上做文章是不行的。何况,文明社会到来后并不一定都有城市。从这种意义上说,中国文明是何时开始形成的呢?曰:中原龙山文化时期。

首先从农业来说,这个时期已有稳定的耒耜耕作。在陕县庙底沟遗址和襄汾陶寺遗址中,均发现有用耒的痕迹。除耒耜外还有甾,即石铲。这些农具一直沿用于夏、商、周三代。此外,在镇平赵湾遗址和陶寺遗址中还出土石犁或犁形石器。不过,直到战国时犁耕农业才逐步代替了耒耜农业。

第四章 万邦并存唐虞兴

在发明耒耜耕作农业的同时，时人又发明了凿井。这和农业的发展也有直接和间接的关系。水井在中国出现甚早，七千年前的河姆渡文化中已经有了，但水很浅，难得广泛应用。从五千年前开始，水井普遍出现于中原广大地区。先是大汶口文化，继而在中原龙山文化中的邯郸涧沟发现两眼、洛阳矬李一眼、汤阴白营一眼、襄汾陶寺一眼，较晚的还有夏县东下冯的水井。汤阴白营的水井呈方形，深十二米，上大下小，内壁用木架加固，共四十六层，相当讲究。有了水井，人们就不像以前那样，生活在江河台地和湖泊附近的岗地上，而是可以向广大的平原地区发展了。农田也不限于近水坡地，平原上广阔的沃土也可辟为农田了。因此，凿井被看作是一大发明。在《世本·作篇》中，或曰："黄帝见百物，始穿井"；或曰："化益作井"。据现有资料，中国是世界上最早发明凿井的国家。

水井与灌溉不无关系，但主要是解决了远离水源地区的人畜用水问题，促进了平原地区农业的大发展。平原地区的农业因耒耜耕作而有畎亩和沟洫，可排水灌水。井田制就是由此产生的。

农业的进步表现在诸多方面。例如，水稻开始传播到黄河流域，增加了作物的品种。以前用手刀收割谷穗，现在用石镰或蚌镰连秆收割。以前加工粮食用石研磨盘,进而有了杵臼。以前的窖穴多口大底小的锅状坑,现在则口小底大,呈袋状或漏斗形,有的内部还有阶梯。人们除食用粮食外,还用以制酒,作为饮料。可见,粮食已经有剩余了。

牧业依赖于农业,同样有了飞跃性的进展。在此之前,北方地区的家畜家禽可以肯定的有猪、狗、鸡三种,或者还有黄牛;南方地区有狗、猪、水牛,家鸡也可能起源于南方。此外,一些地方开始养蚕,这是从采集发展来的。这几种动物中,如猪和鸡,多半饲养不大,除养殖经验外,这和不成熟的农业不能说毫无关系。

到了龙山文化时期,北方可以肯定的家畜有黄牛、山羊和绵羊,南方的水牛也传到了北方。此外,马也可能被驯化了。南方所增的品种有羊。还有,如驯鹿和驯象,鸭、鹅之类,也都是可能的。这个时期的家畜,已能养大育肥,如猪不仅数量多,而且体型大,成了衡量家庭财富的标志。

手工业的进步更为惊人。拿制陶业来说,这时的陶器已从手制发展为轮制,用手工机械操作。器种增多,适用于各种生活需要。器形和纹饰多种多样,出现了兽形器和艺术品,有些纹饰为后来的陶器所承袭。陶窑有很大改进,窑室大,火膛深,火候高而火力匀,已掌握了封窑技术,能改变陶器的颜色。用料也有变化，除泥质和夹砂外，还有用坩子土和瓷土的，加以着彩技术的发展，所以这时有红陶、黑陶、白陶、硬陶、釉陶，有的已接近原始瓷器。古籍所说"昆吾作陶"，或云"舜作陶，夏臣昆吾复加也"，指的都是高级陶器，因而为人们所称道。

再以玉石器和骨角器而论，其进步也是惊人的。这里且不说用于生产和战争的各种精制石器，玉器中如玉戈、玉琮、玉璜、玉璧、玉磷、玉龙等等，作为礼器和装饰品，制作得都是相当精致的。骨、角、牙器亦然。可以设想，这是由专人专门制作的。

竹木业也有进步。如竹制乐器，当起源于这个时期。木器中为舟楫、木鼓、独座木案、木盒等等，其制作的难度都是很大的。这期间已知道在竹、木器上髹漆，制成漆器。可见，竹木加工已有长足的进步。《世本·作篇》云："倕作规矩准绳"，当非虚语。要不，木作中的隼卯结构，是不好解释的。

其他如纺织业、编织业等，其进步自不必说。如日照姚官庄出土的布纹纤细而紧密，每平方厘米经纬各 10—11 根，织出的布已与后世的粗布不相上下。丝织当已成为现实，但不如葛麻织物流行。

在各种手工业中，最值得注意的要数铜器。我国史籍中有夏禹铸鼎之说，然近人多不信之。说蚩尤"以铜为兵"，就更不必说了。可是，随着考古工作的进展，人们的目耳为之一新。如甘肃东乡县林家出土的青铜刀和碎铜片，时间距今五千年左右。永登出土的青铜刀和碎铜片晚一些，距今也有四千四百年左右。现在已可以肯定，齐家文化（公元前2600年—公元前2000年）已进入铜器时代，这时不仅有红铜器，还有青铜器。东北的红山文化，在其晚期的遗址中发现了炼铜坩埚；河北武安赵窑遗址亦有同样的发现，时间均在公元前3000年以上。山东胶县三里河出土了两把黄铜锥形器，山西襄汾陶寺出土有红铜铃形器，时间均在公元前2500年左右。此外，在河南、山西、山东的不少地方都发现了炼铜渣、渣液和残铜。登封王城岗还有青铜容器残片出土，只是时代上还有争议。不过，所有迹象都说明，中原龙山文化已进入铜器时代的早期阶段。再把龙山文化视为原始社会末期，已经不行了。我国的情况是：铜器一出现，就是红铜、青铜和黄铜兼而有之。这与北方缺锡和共生矿较多有关系。

在世界古代史上，铜器和玉器均以我国的水平为最高，其始基都是在中原龙山文化时期奠定的。因此，我称中原龙山文化为早期华夏文化。

这个时期的各种生产部门当已有专业性或半专业性的社

会分工，而且各地区也有其独特的产品。这就需要有商品交换，通过交换实现产品的使用价值，因而出现了原始的商品交换市场。商品交换早已有之。在龙山文化遗址中，如孟津小潘沟出土的玉块、玉璜、玉铲、玉饰，洛阳矬李第三期遗存出土的玉饰、绿松石和第四期的蚌贝、玉铲等，均非本地产品。其来自交换是显而易见的。这种情况，并非个别现象。交换形成市场，故有"祝融作市"之说。所谓"日中为市，致天下之民，聚天下之货，交易而退，各得其所"。当非虚语。尧舜时代的所谓"北用颛氏之玉，南贵江海之珠"，和对战败者"散其邑粟与其财物，以市虎豹之皮"，也是可信的。很可能，这时已用海贝充作货币了。

社会分工和商品交换意味着私有制、阶级和国家的产生和形成。

如前所说，中国文明的产生途径是由母系氏族分解为家族，再由共产制大家族析而为分财别居的大家族开始的。这样就出现了家族之间和家庭之间的贫富差别。从现有资料说，这种分化在大汶口文化中从其中期就开始了。如大汶口遗址早期墓地中，北组共七座墓，随葬品很丰富，其中三座还随葬象牙器。有一座随葬象牙雕筒、象牙琮等器物四十余件，猪头十四个，可能是家族长。南边一组四座墓，共出土陶器十件、骨牙器三件、獐牙一件，总共还不及北组中随葬品最多的一座墓。各个家庭之间的财产分化更加明显。在大汶口的一百三十三座墓中，随葬猪头和猪下颌骨的四十五座；随葬品一般的八十座，无随葬品的八座。其中最特殊的是 10 号墓，墓穴很大，东西 4.2 米，南北 3.2 米。墓底有二层台，可放置随葬品。从遗迹推测，葬具是用原木卧叠构成的井字形椁，内壁涂朱。墓底中央又挖一长方形坑埋葬死者，当有棺材。死者周身覆盖约二厘米厚的黑灰，疑为炭化衣着遗迹。死者头部和颈部佩戴着三串共七十七个石质装饰品，还戴有玉臂、指环，腹部放着一件精致的玉铲，并有象牙雕筒两件，骨雕筒一件，象牙梳一件。随葬陶器九十多件，有洁净的白陶、漆亮的黑陶、精美的彩陶和红陶。此外，还有猪头、兽骨、鳄鱼鳞板等，总计达一百八十一件。这是一位老妇，很难确定其社会身份，但她是一位富豪，不成问题。贫富分化到如此程度，难怪有人要把中国文明史提到前 4000 年左右了。在大汶口发现了八座男女合葬墓，经过鉴定的四座均为男左女右一次入葬，而随葬品多置于男方一侧。这使人联想到女方可能是奴隶，特别是其中一座还随葬一幼女，其为奴隶的可能性就更大了。当然，这只是一种猜测，不足以成为定论。但在泗水尹家城发现的一座大汶口晚期男女合葬墓，女方屈身面向男方棺材，一只手臂还压在棺材之下，其为奴隶恐怕是没有问题的。

继大汶口文化而来的山东龙山文化，这种现象更为明显。如诸城呈子的八十七座墓葬，60％以上无随葬品，20％只有三五件，而有一座大墓则随葬优质陶器十八件，猪下颌骨十三件，獐牙一件。再如胶县三里河遗址的近百座墓葬中，绝大多数无随葬品，而有一座则随葬贵重的高柄蛋壳杯四件、鬶和三足盘各三件，其他陶器和工具二十五件；另一座除随葬精美的陶器外，还有玉鸟、玉珠等成组玉器。日照东海峪遗址的墓葬也有类似现象。贫富分化到这种程度，其为阶级社会，难道还有什么疑问吗？

黄河上游甘肃地区的马家窑文化，在其后期也出现了类似的现象。如在青海乐都柳湾遗址发掘的三百一十八座墓中，随葬器物五件以下的六十九座，六至三十件的一百八十六座，三十件以上的六十三座。个别墓随葬器物达九十五件，其中陶器有九十一件，在一个大陶罐中还装满了粟；而有的墓仅有一件陶器，少得可怜。这里发现两座三人合葬墓，各在两具仰身直肢的尸骨之间有一侧身屈肢的尸骨。其中一为男性，呈捆绑状；一为女性，状似杀殉或生殉。此外，这里还有在棺材上的封土中乱葬人的，也有女性的一只腿压在棺材下的。

差不多同时的齐家文化，也有类似现象。应该说，奴隶制已经产生了。

中原龙山文化是在大汶口文化的推动下形成的，并受到其他周边文化的影响，因而较早进入了阶级社会。这里先谈一下非正常埋葬的现象。所谓非正常埋葬，就是将人埋入灰坑、废井、窖穴中或房基下，而不葬入公共墓地。这种现象早在庙底沟仰韶文化层中就发生了，到龙山文化时期有进一步的发展。如邯郸涧沟遗址有两个埋人的圆坑，一个里边在一层红烧土下埋着十具人骨，均为男性青壮年和五至十岁的儿童，叠放无次序，有的头骨上有砍伤痕迹。另一个圆坑中乱放着五具人骨，男女老少均有，有的身首异处，有的呈挣扎状。

长安客省庄遗址的六个灰坑中有人骨架，数量不等，放置凌乱，或与兽骨同穴。如其中的一个灰坑中有三具人骨架和两具兽骨架，一具人骨架在灰坑西部，放置散乱；另一具在中部，俯身，缺头；第三具在灰坑东北部，仰身，四肢伸开呈大字形；两具兽骨在灰坑东边。邻近的陡门镇遗址中也有类似现象。

孟津小潘沟遗址的一个灰坑中分别埋了七具人骨。其中有些似正常埋葬，且有二层台和随葬品。但有两具分别缺上、下身，均从腰部断去，断茬整齐，这就很不正常了。登封王城岗古城堡内的窖穴中也埋有人骨。

还有，洛阳矬李的一个窖穴中埋有一女性尸骨，有随葬品，但用俯身葬。汤阴白营遗址在一房基下埋一小孩。安阳后岗遗址的十座房基下或附近均埋有小孩，少者一具，多者四具，头一般向着房子。寿光边线王城基下也埋有小孩。另外，邯郸涧沟一个半地穴式房子中的灶坑周围放着四个人头盖骨。这些现象，都是发人深思的。

在居住方面，也可发现贫富分化和等级制的迹象。这个时期的房子一般可分为三类：一类是地面建筑，有的还夯土起台，台外作慢坡状以利散水；用石灰涂抹居住面，有的甚至还涂抹墙壁；建房用木骨结构，在木柱下放石础或其他料础；使用不规则的土坯，压缝砌墙等等。这些都是比较讲究的，其高级者甚至以木板铺地了。另一类是半地穴式的矮土墙草顶建筑，属于穴居野处的状态。如邯郸涧沟的一座半地穴式圆形房屋，下面是一个不规则的圆坑，深一米，径约五米，类似窖穴；一侧有一阶梯上升门道，未见柱洞；室内无白灰面，有一灶坑，十分简陋。当然，半地穴式建筑也有比较讲究的，但较第一类房屋，仍显寒酸。第三类是高台建筑的大房子，台面经过夯打，有的还铺地板，在当时来说十分显眼。这种建筑基址，在洛阳东杨村、安阳后岗、登封王城岗、淮阳平粮台、郾城郝家台、临汝煤山、日照东海峪、内蒙准噶尔旗大口等遗址中均有发现，而且多为长方形房屋，在众多的小型房屋群中傲然屹立。很显然，这已是原始的宫室建筑了。《世本·作篇》云："尧命禹作宫室"，不是没有道理的。

在房屋建筑布局上，一种是成行排列的单独住房，如在安阳后岗发现的十座房子，分三行东西排列。日照东海峪的房子亦然。汤阴白营的房子无论南北或东西，都是成行的。另一类是排房，即一排相联的长房子分隔成许多单间。如渭南康家发现的排房，间数不等，各排之间以小沟分开，每排房中都有一间向前凸出。郾城郝家台、淮阳平粮台亦有类似建筑。很明显，当时已有家庭和家族两级组织，再由家族组成宗族，就构成了中国早期文明社会的基本形态。宗族而有宗君和宗师，也就是最初的国家了。

这种宗族国家开始是没有城池的，但随着列国之间的兼并和掠夺战争的发展，不少国家开始修筑城池以为固，所以古代均释"国"为都城，与后世所说国家之含义迥异。当然，不设城池的宗族国家也是有的，但这要视其本身的力量和外部环境而定。当时的国家一般都很小，所以有时能举族迁徙，以求生存和发展。正是在这种环境中，出现了帝尧陶唐氏、帝舜有虞氏和夏后氏三个联盟，成为夏、商、周三代的始作俑者。可喜的是，我们已经发现了它们的踪迹。

就历史传说而言，陶唐氏可谓黄帝族的嫡系。它初居于今河北唐县、行唐、望都一带，继而到了冀南实沈之地，最后由于同阏伯发生矛盾，逾太行而定居于大夏，即汾水下游一带。在这里发现了中原龙山文化的两个类型：一曰三里桥类型，一曰陶寺类型。三里桥类型应即大夏文化，陶寺类型则是陶唐氏之文化。

据初步调查，陶寺类型主要分布于汾河下游及其支流浍河流域的临汾、襄汾、侯马、曲沃、翼城、绛县、新绛、稷山、河津等市县，与传说中陶唐氏的活动区域相吻合。其年代据对陶寺遗址的测定：遗址的上限应早于公元前2400年，或在公元前的2500年前后，下限应断在公元前1900年。换言之，遗址的年代范围可大致估算为公元前二十五六世纪至前二十世纪，历时五六百年。这段时间上接实沈时期，下接夏代初年，与陶唐氏的发达期也大致相当。

陶寺遗址位于襄汾县城东北约七点五公里的崇山西麓，总面积达三百多万平米，包括居址和墓地两部分，内涵十分丰富。墓地总面积三万多平米，已在约十分之一的范围内发现了近千座墓葬。像这样的遗址，在中原龙山文化中，是无与伦比的。

在陶寺墓葬的诸多随葬品中，最引人注目的是少数大墓中出土的彩绘蟠龙纹陶盘。陶盘制作精美，外壁饰浅绳纹或着黑色陶衣；内壁磨光，用红彩或红、白彩描绘出蟠龙图象；龙作蛇身鳄鱼头，眼睛突出，满嘴利牙外露，似吞噬状。这种陶盘当是陶唐氏的神器，也可能是帝尧的像形。传说帝尧是其母庆都与赤龙合交而生，故其形象龙。持此说者甚众，引数条如下：

《潜夫论·五德志》：炎帝"后嗣庆都与龙合婚，生伊尧，代高辛氏，其眉八彩，世号唐。作乐《大章》，始禅位。武王克殷，而封其后于铸。"

《初学记》卷九引《诗含神雾》："庆都与赤龙合婚，生赤帝伊祁尧。"

《隶释·帝尧碑》："庆都与赤龙交而生伊尧。"

《成阳灵台碑》："昔者庆都兆舍穹精氏，姓曰伊，游观河滨，感赤龙交，始生尧。"

这些说法看起来有些荒诞，不过把赤龙作为部落之图腾，还是可以理解的。古代就有"太昊氏以龙纪，故为龙师而龙名"之说。在濮阳西水坡遗址中出土有用蚌壳摆成的龙虎图象，其龙似为短唇鳄鱼。红山文化中出土的有玉龙，有人认为其形似猪，我看其形似熊。不管怎么说，我国古代是有龙部落的，而且龙部落还不止一个。庆都与之交合的不知是那个龙部落，也许与太昊之后有关系。

春秋时晋国之卿族范氏自称是陶唐氏之后，他在追述其宗族源流时说："昔匄之祖，自虞以上为陶唐氏，在夏为御龙氏，在商为豕韦氏，在周为唐杜氏，晋主夏盟为范氏。"①《左传》昭公二十九年记晋史墨说："有陶唐氏既衰，其后有刘累，学扰龙于豢龙氏，以事孔甲，能饮食之。夏后嘉之，赐氏曰御龙，以更豕韦之后。"这些也说明，陶唐氏与龙有关系。

陶寺遗址中出土的一些乐器，也可证明其为陶唐氏的文化遗存。《吕氏春秋·古乐》云："昔陶唐氏之始，阴多滞伏而甚积，水道壅塞，不行其原，民气郁阏而滞著，筋骨瑟缩不达，故作为舞以宣导之。"陶唐氏之乐舞，据《世本·作篇》所载，为尧臣夔作乐，巫咸作鼓，无句作磬。有趣的是，在陶寺遗址中恰巧出土了这几种乐器。其一是大墓中的特磬（长八十——九十厘米，作倨句形），这是以往难以想象的。过去在安阳殷墟曾有发现，现在将之提前了一千多年。足证，"无

---

① 《左传》襄公廿四年，并见《国语·晋语》八。

177

句作磬"是有根据的。其二是大墓中成对的鼍鼓。鼓身为桶形,由圆木截段挖空而成,高一米,直径五十厘米;外壁施彩色图案;由鼓腔内遗留的鳄鱼骨板,可知鼓面用鳄鱼皮蒙制的。这种用鳄鱼皮蒙面的彩绘木鼓就是鼍鼓,或称"灵鼍之鼓"。司马相如《大人赋》云:"建翠华之旗,树灵鼍之鼓;奏陶唐氏之舞,听葛天氏之歌。"将鼍鼓与陶唐氏相联系,可证"巫咸作鼓"之不虚。其三是陶异形器,其形似长腰葫芦,筒状高颈,圆鼓腹,腹底有孔,可以蒙皮。此即缶或土鼓,为陶唐氏之乐。《吕氏春秋·古乐》云:"帝尧立,乃命质作乐。质乃效山林溪谷之音以歌,乃以麋鞈置缶而鼓之;乃拊石击石,以象上帝玉磬之音,以致舞百兽。"质又作夔,传说是尧的乐师。拊石击石,即用石棒击打石磬。缶由实用陶器发展而成。郑玄注引杜子春曰:"土鼓,以瓦为匡,以革为两面,可击也。"[①]土鼓为陶唐氏之乐。

陶唐氏的物质文化相当可观。从这里发现的双齿木耒痕迹和各种农具以及水井来看,其农业是发达的。而且这里还出土了一种木刻"仓形器",发现时上面多置骨匕,估计是作祭天地祈年用的。这里盛葬整猪和猪下颔,有各种家畜骨

[①] 《周礼·籥章》注。

第四章 万邦并存唐虞兴

骼，足证其牧畜业之发达。在这里发现了石灰窑、储灰窖和涂灰地面，知其已能烧制和使用石灰。这里出土的各种髹漆木器（案、几、俎、匣、盘、斗（勺）、豆、鼓、仓形器），制作精美，技艺高超，为前所未有。其他如制陶、纺织、制骨、石器、玉器等，也都达到了相当高的水平。这里还发现了一个红铜铃形器，可证其已进入早期铜器时代。总之，这种物质文化在同时期是不多见的。

陶唐氏的社会阶级分化十分明显。现已发掘的七百多座墓，可分为大、中、小三种类型。大型墓圹穴宽大，有的还有墓道；葬具讲究，有棺有椁；随葬品多而精美，计有蟠龙陶盘、成组漆绘木器、彩绘陶器、玉石礼器、武器、工具、装饰品以及整猪等；其中有的还随葬鼍鼓、特磬和土鼓；数量多者达二百余件。中型墓可分四种：甲种分布在大墓的附近，墓主男性有木棺，随葬成组陶器，少量彩绘木器、玉石礼器、装饰品及猪下颌骨等。乙种靠大墓两侧对称分布，墓主女性，使用彩绘木棺，佩戴玉、石镶嵌的头饰和臂饰，随葬品少而精。丙种使用木棺，随葬少量石钺、石瑗、骨笄和猪下颌。丁种多数有木棺，随葬品较少。小型墓圹穴狭小，仅能容尸，多无木质葬具和随葬品，只有少数随葬小件物品。从数量上说，大墓只有九座，占总数的1.3%；中等墓八十座，占11.4%强；

179

小墓六百一十一座，占 87% 以上。这种情况，如实地反映出了当时的社会等级结构和礼乐制度。其中的大墓主人已是最早的天子了。在其周围埋葬的当为近亲、贵臣和妻妾。而一贫如洗的小型墓或为平民，或为奴隶。值得注意的是，大中型墓集中于墓地中部，小墓则集中于北部，而大墓中有五座规格最高者呈四排前后并列。这说明当时已有国家，国王已实行世袭制了。

过去有将陶寺类型称为先夏文化者，其实不妥，而且它也无法和后来的二里头文化联系起来。近来又有人称其为姚姓有虞氏之文化者，更属附会。因为姚姓有虞氏根本到不了这里。

如前所说，帝舜有虞氏分姚姓和妫姓两支，而陈国妫姓，其地在今淮阳。据《左传》襄公二十五年："昔虞阏父为周陶正，以服事我先王。我先王赖其利器用也，与其神明之后也，庸以元女大姬配胡公，而封诸陈，以备三恪。则我周之自出，至于今是赖。"《左传》昭公八年，晋国史赵更进一步说："陈，颛顼之族也。……自幕至于瞽瞍无违命，舜重之以明德，寘德于遂，遂世守之。及胡公不淫，故周赐之姓，使祀虞帝。"这里要说明的是：①虞阏父为周陶正，并不一定在关中，可以是异地而供应陶器。如"奚仲居薛以为夏车正"，即其例证。

②陈国与遂国有关系，但并非遂国改封。因为遂国到春秋时还在，灭亡于齐。一般说来，周所封故国均在其旧地或附近。上述三恪指虞、夏、商。夏后为杞国，商后为宋国，无不然者。陈国当不例外。③陈被称为颛顼之族类，并不足奇。秦国之祖为伯益，却自称颛顼之后，有虞氏自然可与颛顼拉上关系。这样说来，陈国之祖有：颛顼、虞幕、瞽瞍、帝舜、虞阏父、胡公等等，可谓源远流长。此外，《左传》昭公三年记齐晏婴追述田氏之祖时说："箕伯、直柄、虞遂、伯戏，其相胡公、大姬，已在齐矣。"则胡公或虞阏父之前又可加上四代。《史记·陈杞世家·索隐》引宋忠注《世本》云："虞思之后，箕伯、直柄中衰，殷汤封遂于陈以祀舜。"可见，陈本旧国而受周封。淮阳平粮台古城可能即其祖居之地。

古城位于淮阳县城东南四公里大朱庄西南角的台地上，台地高出附近地面三至五米，面积近百亩。古城为正方形，每边一百八十五米，四角呈弧形。已找到南北两个城门，南门口有东西相对的两个门卫房，均用土坯砌成。通往南门的路土下铺设有排水管道，共三条，呈品字形。城内东部有排房和高台建筑，显然是宗族聚居处和宗君的宫室。此外，还有灰坑、陶窑和冶炼青铜遗迹。城墙内壁直立，外部呈斜坡状，再外为护城河。城内实用面积三万四千多平米，加城墙为五万多平米。面积虽不算大，但其结构和建筑方法在当时可说是一流的。

这处城址属中原龙山文化王油房类型，其年代据测定为 4355±175 年，约公元前 2400 年左右，已超出夏代纪年的范围。其族属当和有虞氏有瓜葛。据调查，现淮阳城与陈国都城位置相当，陈东门外有宛丘，古城当即其地。史籍或云，宛丘上还有丘，我疑其上原有圜丘。圜丘为周代郊祀天地之所，此乃陈国之圜丘也。故《诗·陈风》有云："坎其击鼓，宛丘之下"；"坎其击缶，宛丘之路"。击鼓击缶非为娱乐，亦郊祀天地和祖先也。其祀为谁？《国语·鲁语》上臧文仲云："有虞氏禘黄帝而祖颛顼，郊尧而宗舜。"这是陈国之祀典，禘黄帝是由于它和周人有过联姻关系，郊尧则是因为尧和殷人的姻亲关系。陈人于此郊祀其祖，就可证古城和有虞氏是有关系的。

当然，陈国并非有虞氏的主支。按妫姓实即为字，为字据甲骨文作以手牵象之形。陈国伪姓，可能出自传说中的舜弟象。不过，有虞氏的主支虞国和观国，也应在王油房类型的分布区内，今后或能发现其文化遗存焉。

夏后氏的早期文化遗存也有了答案。我认为是中原龙山文化的郑洛类型和三里桥类型。其中，郑洛类型属共工氏。共工氏以水纪，故为水师而水名。共工音变而为鲧，鲧亦作鲵，义

第四章 万邦并存唐虞兴

即玄鱼，属水族类。后世所说玄武，即来源于此。玄武者，乌龟也。所谓河图洛书，就是龟甲上的斑点和纹路。传说河中有白马负图而出，指的仍然是鲧。可惜，他非常倒霉，一败于颛顼，成了龟孙子；再败于虞舜，只能和妖魔鬼怪去打交道了。不过，鲧终究还是人而不是鬼，所以其遗迹终于保留了下来。登封王城岗的小型双子城址应属鲧的遗留，所谓"鲧作城郭"是也。城的地理位置也相称，鲧号崇伯，即嵩山地区之盟主，而中岳恰在登封；鲧又号"若阳"，即汝水之北，汝水恰在古城之南。何况，古城遗址出一陶文六字，学者一致释共，而共恰是共工之简称。鲧和禹只是父子部落关系，故一为允姓，一为姒姓。过去说他们同属夏后氏，这是不对的。果真为父子关系，岂有父子不同姓之理？应该说，继承共工氏的是夏后氏。所以，王城岗城址的年代可早到前二千五百年左右，和夏朝很难衔接起来。如果把该城址看作鲧之遗存，鲧衰亡之后才有夏后氏之兴起，于事于理就无不顺了。

中国文明起源的历史隐含在一片扑朔迷离的传说和神话中，其真实性要由考古文化来印证。考古文化也要借助于历史传说和记载，才能显示出其应有的生命力。只要这样做了，问题总会理出眉目来的。例如，传说中有颛顼与共工之战，我们发现了大汶口文化从其中期起有向中原地区扩散的现象。

传说中有阏伯与实沈之战,我们发现了后岗类型和陶寺类型。传说中有尧舜流放共工和放逐鲧的问题,我们发现了王油房类型、郑洛类型和三里桥类型。传说中夏禹统一了中原,我们发现中原龙山文化的各个类型最后都汇入了夏文化。传说固非信史,但与考古相结合,也就有了信史了。

第五章 统一的华夏文明的形成

　　中国的原始文化是多谱系的,从考古学上说,有仰韶文化、大汶口文化、红山文化、大溪文化与屈家岭文化、薛家岗文化、马家浜文化与崧泽文化、马家窑文化等等。因此,中国文明的起源必然是多元的,所谓"万国",就反映了中国文明起源的多元性的格局。但每一个文明的生长点又不是由单一的文化系统发展而来的,其中往往有两个或两个以上的文化系统相结合,所以龙山文化时期是无法按以往的文化划分谱系的。例如,中原龙山文化的各个类型都含有不同的文化因素,有些甚至今天仍然追寻不出其来源。其后,中原龙山文化发展为夏文化,在夏文化之外则形成了其他文化系统,如东方的岳石文化、北方的夏家店下层文化、南方的石家河文化、西方继齐家文化之后的寺洼文化和辛店文化等等。这种情况,到商代始得到统一,但商文化之外还有其他文化。夏、商文化均属华夏文明,这里就谈一下统一的华夏文明的形成过程。

第一节　夏文化的源流

首先应当说明,这里所说夏文化是指夏朝的文化,而不像有些人所说是夏民族的文化。因为,华夏民族有一个形成和发展的过程,我们很难界定何者为夏民族,而夏朝则是很容易界定的。这样的夏文化,自然就不难论定了。

夏朝是由万国时代的最后一个城邦联盟发展而来的。最初参加这个联盟的除夏后氏的各个分支外,还有颛顼部的后裔、皋陶部和伯益部的各支、陶唐氏的后裔、高辛氏的有关分支、有仍氏、有鬲氏、有穷氏、涂山氏、防风氏等等。夏禹不过是这个联盟的盟主而已。他们都分别独立成国,所以"禹会诸侯于涂山,执玉帛者万国"。这里所说"诸侯",就是各国的君主。玉帛既是礼物,又是信物。"禹会诸侯",则是以盟主身分同各国会盟,其间并无上下臣属关系。他之所以能取得盟主地位,一是治水有功,二是征服三苗,三是同颛顼后裔,特别是己姓各国结成了巩固的同盟,而颛顼和高辛、皋陶、伯益各部都有密切的关系。凭借着这种强大的联盟,夏禹将其势力伸展到江淮下游。所谓"禹朝诸侯之君会稽之

第五章 统一的华夏文明的形成

上,防风氏之君后至,禹杀而戮之",即所以威服夷人。因此,地处淮泗的九夷后来对夏朝基本上保持了臣服关系。

夏禹既是万邦之盟主,盟主不专属于一家,所以禹死后就有一个由谁继续主盟中夏的问题。从禹想传位于皋陶,因皋陶先死而传位于伯益的传说来看,伯益部是争夺过盟主地位的。如前所说,伯益部和皋陶部关系密切,同颛顼部和帝喾部也有关系,已具备了入主中原的资格。但由于它们大多不在中原腹心地带,所以盟主的地位还是被禹子启得到了。夏朝就是这样建立起来的。据说"启有钧台之享",又是一种名为《九韶》的乐舞发明人。钧台在今河南禹州市,看来他曾在这里朝会诸侯,奏九韶之乐,以显示自己的成功。

但夏启的地位并不稳固,出来向他挑战的有观、扈二国,故史书云:"夏有观扈。"观国为姚姓诸侯,在今河南范县观城镇。扈国或云即雇国,其义可通,但与事不符。据《史记·夏本纪》太史公曰:"禹为姒姓,其后分封,用国为姓,故有夏后氏、有扈氏、有男氏、斟寻氏、彤城氏、褒氏、费氏、杞氏、缯氏、辛氏、冥氏、斟戈氏。"是有扈氏为姒姓,而雇即顾国则为己姓。顾国与夏始终为同盟,而有扈氏夏初即已灭亡。有扈氏和夏后氏之争并非始自夏启。在夏禹时已开始了。如《庄子·人间世》说:"禹攻有扈。"《说苑·政理》

云:"禹与有扈氏战,三陈而不服。禹于是修教三年,而有扈氏请服。"夏启继位后,有扈氏又叛。一说夏后启与有扈氏战于甘泽而不胜,但后来有扈氏表示臣服了[①];一说启与有扈氏大战于甘,遂灭有扈氏。[②]《尚书·甘誓》记其事甚详,不能全无根据。顾国之地有二:一在今范县,一在今原阳县。有扈氏呢?《汉书·地理志》右扶风鄠县条下云:"古国,有扈谷亭。扈,夏启所伐。"《史记·夏本纪·正义》引《括地志》云:"雍州南鄠县,本夏之扈国也。"《地理志》云:"鄠县,古扈国,有扈亭。"《训纂》云:"户、扈、鄠,三字一也。古今字不同耳。"关中地区在夏代无兴国,恐与有扈氏之灭亡不无关系。

夏启灭观、扈二国,确立了自己的王朝地位后,以为"天下咸服",遂"淫湎康乐",田猎无度,不理政事,很快就达到"万民弗利"的地步。他死后,几个儿子互相争权夺位,刚刚建立的夏朝迅速陷入深重的危机之中。后羿代夏的问题发生了。据《左传》襄公四年:

---

① 《吕氏春秋·先己》。
② 《史记·夏本纪》。

第五章 统一的华夏文明的形成

昔有夏之方衰也，后羿自鉏迁于穷石，因夏民以代夏政。不修民事，而淫于原兽，弃武罗、伯困、熊髡、龙圉，而用寒浞。寒浞，伯明氏之谗子弟也，伯明后寒弃之；夷羿收之，信而使之，以为己相。浞行媚于内，而施赂于外，愚弄其民，而虞羿于田。树之诈慝，以取其国家，外内咸服。羿犹不悛，将归自田，家众杀而烹之，以食其子。其子不忍食诸，死于穷门。靡奔有鬲氏。浞因羿室，生浇及豷，恃其谗慝诈伪，而不德于民，使浇用师灭斟灌及斟寻氏。处浇于过，处豷于戈。靡自有鬲氏收二国之烬，以灭浞而立少康。少康灭浇于过，后杼灭豷于戈，有穷由是遂亡。

同书哀公元年亦载其事云：

昔有过、浇，杀斟灌以伐斟寻，灭夏后相。后缗方娠，逃出自窦，归于有仍，生少康焉，为仍牧正。惎浇能戒之，浇使椒求之。逃奔有虞，为之庖正，以除其害。虞思于是妻之以二姚，而邑诸纶，有田一成，有众一旅。能布其德，而兆其谋，以收夏众，抚其官职。使女艾谍浇，使季杼诱豷，遂灭过、戈，复禹之绩，祀夏配天，不失旧物。

189

这是一场循环斗争。后羿取代太康，而又为寒浞所灭。太康传弟仲康，仲康传于其子相，相又为寒浞之子所灭。相子少康灭寒浞之二子，恢复夏朝。很明显，这仍然是一场盟主之争，是夏初争夺盟主的余波。后羿所居之地，据《史记·夏本纪·正义》引《括地志》云："故鉏城在滑州卫城县东十里。"晋《地记》云："河南有穷谷，盖本有穷氏所迁也。"是鉏在今河南卫辉市，穷谷在今郑州西之山谷中，后羿就是从这里出发进入洛阳盆地的。太康居于斟寻，其地在今河南巩县西南，后羿"因夏民以代夏政"后亦居其地。仲康可能迁居于今晋南运城盆地夏县一带，因为仲康时发生的一次日食就是从这里测得的。仲康因此而命胤征讨羲和，《尚书·胤征》即其反映。夏后相为了进一步发展其势力，乃迁于帝丘，从这里征伐淮夷和黄夷。淮夷为皋陶和伯益之后，他们可能是在夏初的纷争中和夏朝脱离了；说不定他们是袒向后羿的。岂料，寒浞取代后羿后，进而攻灭了夏后相，夏朝由此中绝。数十年后，少康依靠有仍氏和有虞氏才得以复国，重新建立夏朝。

值得注意的是，后羿"因夏民以代夏政"后，夏臣靡曾改事后羿。他是在寒浞灭羿后才逃奔有鬲氏的。故《帝王世纪》云："初夏之贵臣曰靡，事羿，羿死，逃于有鬲氏，收

第五章 统一的华夏文明的形成

斟寻二国余烬,杀寒浞,立少康,灭豷于过,后杼灭豷于戈,有穷遂亡也。"但后羿为夷人,故曰"夷羿"。后羿即帝羿,如帝尧、帝舜然。这是一个神通广大的人物。他曾帮助帝尧"上射十日而下杀猰貐",后来又代夏而有天下。《楚辞·天问》云:"帝降夷羿,革孽夏民",所指即此事。他以善射著称,是一位为民除害的人物。《山海经·海内经》云:"帝俊赐羿彤弓素矰,以扶下国,羿是始去恤下地之百艰。"但他在代夏后却不恤民事,而淫于原兽,结果被寒浞用阴谋诡计害死了。《左传》襄公四年引《虞人之箴》曰:"在帝夷羿,冒于原兽,忘其国恤,而思其麀牝。"所指即此事。孔子说过:"羿善射,奡荡舟,皆不得其死焉。"奡即寒浞子浇,以多力著称,能陆地行舟,也未得善终。

后羿代夏纯属早期华夏民族内部的问题,不能由此引申出什么夷夏斗争。如然,则颛顼、帝喾、帝舜、皋陶、伯益等神话人物,将统统被清洗出华夏族的祖宗名单,而所谓尧、舜、禹禅让的剧作也就无从演起了。至于夏、商与九夷的斗争,则是另一回事。九夷本居江淮下游,是后来才分迁淮岱,渐居中土的。所以,少康复位以后,原来处于华夏文化圈内的夷夏各族逐渐化为一体,其所要对付的就是九夷了。终夏之世,九夷宾服,为害甚浅,夏朝因此延续下来,共传十四世十七王。

191

少康以后，据《史记·夏本纪》："帝少康崩，子帝予（杼）立。帝予崩，子帝槐立。帝槐崩，子帝芒立。帝芒崩，子帝泄立。帝泄崩，子帝不降立。帝不降崩，弟帝扃立。帝扃崩，子帝廑立。帝廑崩，立帝不降之子孔甲，是为帝孔甲。""孔甲崩，子帝皋立。帝皋崩，子帝发立。帝发崩，子帝履癸立，是为桀。"共十世十二王。

总观夏朝的历史，大致可分为三个阶段：自禹至少康复国为第一阶段，其主要特点是对王权的反复争夺。自少康复国至孔甲为第二阶段，其主要特点是夏朝的巩固与发展。自孔甲至夏桀为第三阶段，其主要特点是夏朝的衰落与灭亡。

关于夏朝积年有二说，一为古本《竹书纪年》："自禹至桀十七世，有王与无王，用岁四百七十一年。"《史记·夏本纪·集解》与《索隐》并宗此说。只有《路史·后纪》注说："十七世，汲纪年并穷、寒四百七十二年。"相差一年，当以纪年为是。

另一说见《汉书·律历志》引《帝系》："天下号曰夏后氏，继世十七王，四百三十二岁。"《世经》、《路史·后纪》引《三统历》并与此同。《帝王世纪》："自禹至桀并数有穷凡十九王，合四百三十二年。"亦同此说。只有《易纬·稽览图》说："禹四百三十一年。"相差一年，问题不大。

第五章 统一的华夏文明的形成

这两说谁是谁非，难以定论。不过，《纪年》所说四百七十二年，显然包括有穷氏在内，而《帝系》所说四百三十二年，则是仅就夏王之总积年而言的。所以，这两说并不矛盾。只是把有穷包括在内为四百三十二年，是欠考虑的。从商、周积年估计，夏朝约当公元前二十一世纪到前十七之间，或略前一些。

夏朝的中心统治区域，据《逸周书·度邑》："自雒汭延于伊汭，居易无故，其有夏之居。我南望过于三涂，我北望过于岳鄙，顾瞻过于有河，宛瞻延于伊洛，无远天室，其名兹曰度邑。"这就是说，洛阳盆地是夏朝的中心统治区。《史记·孙子吴起列传》云："夏桀之居，左河、济，右太华，伊阙在其南，羊肠在其北，修政不仁，汤放之。"河指黄河，济指济水，古二水交叉处在今郑州之北。太华，即今华山。羊肠，指羊肠坂，在今太原附近。在这个范围内，都是夏朝活动的中心区域。夏朝的王都大致不出这个范围。据《史记·封禅书·正义》引《世本》云："夏禹都阳城，避商均也。又都平阳，或都安邑，或都晋阳。"是禹都有四：阳城、平阳、安邑、晋阳。阳城所在，其说有五：一说在汉颍川郡阳翟县，当今河南禹州市；一说在嵩山南，当今登封县；一说阳城即唐城，在今山西翼城县西；一说在泽州阳城，当今山西晋城；

193

一说阳城在大梁，今开封市境。还有把阳城说成晋阳，以为在太原郡的。安邑古为夏墟，在今山西夏县西北。平阳因有平水而得名，在今临汾市西南。晋阳实际平阳，因平水又名晋水也。汉以来谓晋阳在今太原，或谓之阳城。禹之都城这么多，应如何解释？我意禹只是一个传说人物，这些都城只能表明夏朝的中心统治区域。禹为夏祖，夏人到哪里，他的神位也会到哪里的。

夏启曾在钧台会盟，估计其都城当距此不远。太康居于斟𬩽，后羿亦居之，桀又居之。斟𬩽因寻水得名，寻水是洛水的一条支流，地在今巩县西南。仲康或迁安邑。其子相迁于帝丘，当今河南濮阳；又迁于斟灌，当今山东曹县西古观城。少康复国后"归于夏邑"，返迁于栎，地当今禹州市。帝杼居原，其地一说在今山西沁水县西，一说在今河南济源县西北；又迁老邱，在今开封市陈留东北。故帝杼曾征东海。东海者，巨野泽也。从此以后，九夷宾服，东南无虞。

自帝廑始，迁于西河。西河所在有三：一指今豫北古黄河之西，如子夏退而老于西河之上，就在这里；二指今晋陕之间黄河以西，北洛水以东地区，吴起为魏守西河，就在这里；三指今豫西洛阳通华山地区，古人有时也称之为西河。三者之中，窥诸史实，当以后者为是。如廑弟"夏后氏孔甲田于东阳负山,遇大风雨。"① 负山又名首山或首阳山,在今偃师境内,即孤竹君之二子伯夷、叔齐饿死之处也。孔甲子皋亦在附近。"殽有二陵焉,其南陵夏后皋之墓也。"② 地在今渑池县境,已入汉函谷关矣。夏后皋之后就是后发和夏桀了。桀都于斟寻,或都安邑,再后就进入商代了。

依据以上史实,我们来探索考古学中的夏文化。可以肯定,它就是二里头文化。过去我曾就此写过一篇文章:《夏文化探索》,其主旨就是要说明这个问题。当时由于偃师商城尚未发现,二里头文化属夏属商长期纠缠不清,现在这个问题已可定谳了。说二里头文化就是夏文化,其理由如下:

从考古文化的发展序列和分布地区来说,登封王城岗的文化层叠压关系是:龙山文化→二里头文化→商文化→西周文化→春秋文化。二里头文化恰当于夏代。这种文化在豫西发现的有四十余处,晋南有三十余处。其他如陕西、河北、湖北的一些地方也有发现,但数量较少,且多为二里头三期。这种分布状况,和夏朝的统治中心在今豫西和晋南是完全一致的。

---

① 《吕氏春秋·音初》。
② 《左传》僖公三十二年。

二里头遗址的文化堆积层很厚,可分为一、二、三、四期。这四期的年代据碳 14 测定,一期有两个数据:一个是公元前 1900 年 ±130 年(ZK285);另一个是公元前 1920 年 ±115 年(ZK212)。二期的数据约减近百年。四期有一个数据:公元前 1625 年 ±130 年(ZK286)。二里头文化东下冯类型第一期也有两个测定数据,一个是公元前 1980 年 ±165 年(ZK435);另一个是公元前 1865 年 ±140 年(ZK436)。总之,二里头文化大约在公元前二十世纪至前十七世纪之间,共三四百年。

这个年限总的说在历史上夏朝积年的范围内,但同历史记载相比,其上限要晚一百多年,下限则早一百多年。究其原因,则如我过去所说:"我认为该遗址的一、二、三、四期均属夏文化,唯第四期当在夏朝灭亡之后,绝对年代应当是商初。就是说四期为夏文化在商初的遗留,犹如河南龙山文化遗留到夏初一样。"我当时这样说,是因为第四期为二里头文化的衰落期。这不仅是二里头遗址本身为然,而且,"据不完全统计,郑州以西至洛阳以东的洛达庙、上街、二里头、灰咀、东干沟、煤山、鹿寺和八里铺的八处遗址不同地层的时期,属于二里头一期的有三处,第二期的五处,第三期的七处,第四期的三处。其数字顺序为:3—5—7—3。这固然说明二里头三期最发达,但也说明第四期就突然衰落了,以

第五章 统一的华夏文明的形成

致回到第一期的情况。如果不认为二里头一期到三期是夏文化的持续发展，到第四期因商灭夏而突然衰落，这种现象是不好解释的。"

这样说来，夏朝的灭亡当在公元前的十七、十八世纪之交了，而二里头文化的上限则远达不到夏初。这又应作何解释呢？我认为：从少康复国后，夏朝才可能创造出自己的文化来。二里头文化是从少康复国后发展起来的。其前身，或云直接继承临汝煤山，或云直接密县新砦。这是说的中原龙山文化向二里头文化的过渡期，在二里头文化之前还应有约一百年，就达公元前二十一世纪了。不过我认为，少康之前的王位争夺时期应属中原龙山文化的末期，可跨入龙山文化。据我所知，汤阴白营和濮阳马庄后岗类型龙山文化在其末期都有向二里头文化转变的现象。王油房类型平粮台遗址的末期为二里头文化。二里头文化东下冯类型的前身为龙山文化三里桥类型。陶寺类型的后继者亦为二里头文化。这就从总体上说明，二里头文化是继承中原龙山文化的各个类型发展而来的。中原龙山文化处于万国纷争时期。夏朝就是继承万国时期直接发展下来的，而其初期还没有脱出万国纷争的樊篱，其文化自应是中原龙山文化的末期了。

对二里头文化本身，我以前是这样写的：

二里头文化堆积很厚，分为一、二、三、四期。在第三期文化层中铲探到多块大面积夯土基础，其中最大的有两块。第一号夯土基址座落在遗址的中部，整体呈四方形，每边长约一百米，总面积约一万平方米，占地十五市亩以上，全部由夯土筑成，最厚处达四余米。据研究，这是一处由堂、庑、庭、门组成的大型建筑的基址。这处建筑布局严谨，主次分明，整体极为壮观，显然是古代的一座王室宫殿。在第一号夯土基址的东北面还有一处形制结构相似的基址，虽然目前尚未挖完，但可以断定是又一座大型王室宫殿。

在宫殿基址四用的同期文化层中发现有房基、窖穴、水井、窑址、道路和灰坑，出土了大量的陶器、石器、骨器、蚌器和少量的铜玉器；还有铸铜陶范、坩埚碎片、石料、骨料和半成品等等，当为手工作坊遗物。在同期的文化层中还清理出一些小型墓葬，出土了一批随葬器物。其中陶器有觚、爵、角、盉、鼎、豆、盆、罐，铜器有爵、戈、戚、刀、铃，玉器有瑾、琮、板、刀、戈等。这些器物制作精巧，造型美观，具有高超的工艺水平，为后来商文化的发展奠定了牢固的基础。

现在需要补充的是：在第二文化层中同样发现了宫室建筑基址，只是不如第三期的雄伟。所以，过去认为二里头文化到第三期发生了突变,这是不对的。第三期的一号宫殿到第四期时已废弃了,二号宫殿经过修复才继续使用的。所以第四期为衰落期。现在已可证实,这里有两处铜器作坊,已发现的陶范中有口径达三十公分者,可见当时已能铸造大型器物。至于大型铜器为什么没有保留下来,我看最大的可能是被商朝作为战利器带走了。这说明,夏代已有发达的青铜文化,过去的估计是偏低的。

过去有一种意见,认为二里头三期为汤居西亳,现在距二里头六公里处发现了一座商城,这个问题已不解而自解了。当然还有断定二里头二期以后为商文化的,但信之者已屈指可数了。

第二节 统一的华夏文化的形成

华夏文化不只是夏文化,其中还包括夏文化以外的其他文化。过去我们习惯上把夏文化以外的其他文化斥之为蛮夷戎狄的文化,这是不对的,应当纠正过来。

我们知道,在海岱地区继龙山文化之后为岳石文化。岳石文化跨越夏、商之交,其上限可达二里头文化,下限达郑州二里冈商文化下层。过去我们称之为东夷文化,其实这也是不对的。

如前所说，薛之皇祖奚仲居薛以为夏车正，仲虺居薛以为汤左相。薛之地望在今滕州至薛城一带，在夏、商之交显然属岳石文化的范围。再如铸国，在今之鲁西南。其他如阳、极、邳、郯等，有的已到今之鲁南了。它们当然也属岳石文化的范围。但这些国家均属黄帝之后，如果把这里的岳石文化称为东夷文化，那黄帝岂不成了东夷了吗？

再如夏代的斟寻和斟灌，从史籍上看好像已经灭亡了，其实不然。他们逃到有鬲氏那里去了。所以"靡从有鬲氏收二国之烬，以灭浞而立少康"。这二国之烬，指是就是斟寻和斟灌的余部。有鬲氏在今德州南平原县境，二斟呢？《汉书·地理志》北海郡寿光条下应劭注曰："古斟灌，禹后，今灌亭是。"《史记·夏本纪·正义》引《括地志》云："斟灌故城在青州寿光县东五十四里。""斟寻故城，今青州北海县是也。"《读史方舆纪要》维县平寿条说："县西南三十里汉县，又西南五十里有斟城，古斟寻国。"二国均在今潍坊地区。不管是二斟还是有鬲氏，当夏商之交其地均在岳石文化的范围内。我们能说它们都是东夷吗？

有趣的是，在潍坊地区发现了灌氏铜器和寻氏铜器。而洣河中游的寿光呙宋台遗址群和传说中斟灌之所在是可以对应的；昌乐白浪河上游的古遗址群和古斟寻也是可以对应的。这些地方出土的有些器物与二里头文化的同类器物颇具共性。可见斟灌和斟寻在夏初确实迁来于此地。它们的文化应是夏文化的一个分支，不应归入什么东夷文化。

还有，就是有逢伯陵，其后多分布于今淄博地区，而有逢伯陵为炎帝之孙，周人说它是太姜之侄。炎帝能归入东夷吗？

山东龙山文化至岳石文化有很大的变异，其主要表现就是陶器的退化。我认为，这与新迁来的黄炎遗胄不无关系。至于是不是还有北来的戎人，也可考虑。岳石文化至二里岗上层时转为商文化，更不应称之为东夷文化。有人根据古籍中说的"纣克东夷，而殒其身"，以为商纣所伐之东夷在海岱地区，但从殷虚出土甲骨文征人方卜辞可知，其实乃指淮泗之间的九夷。

古人是迁徙无常的，并不一定在数千年中同居一地。而且在进入文明社会后，往往是以前的不同文化合为一种新文化。二里头文化不用说了，如上海附近发现的马桥文化，其上限可达二里头文化第二期，并具有二里头文化的某些特征。由此可知，后来的越国奉夏禹为祖先，不是没有道理的。

北方地区的夏家店下层文化，也有同样的问题。这种文化的分布区域，大体上说北达西拉木伦河，东至辽河，南达拒马河，包括今北京地区。其年代上限，据赤峰蜘蛛山遗址出土木碳测定，为公元前2015—公元前1905年，距今3965±90—3855±90年，比二里头文化还早一些。下限据敖汉旗大甸子遗址出土朽木测定，为公元前1470—公元前1370年，距今3420±85—3320±85年，约相当于商末。这种文化的族属，可考者有孤竹、令支和燕国。

《汉书·地理志》辽西郡令支县下"有孤竹城"。注引应劭曰："故伯夷国，今有孤竹城。"其地约在今迁安县境。清代何秋涛考之曰："《魏书·地形志》肥如县有令支城。《通典》卢龙有汉令支城。《辽史·地理志》平州安喜县本汉令支县地。《金史·地理志》平州迁安县汉令支县故城，辽置安喜县，大定七年更今名。《迁安县志》安喜故城在县西北七十里；《永平府志》安喜故城在今县东北二十里，未详孰是？"

又，《水经注·濡水注》云："玄水又西南径孤竹城北西入濡水。《地理志》曰：令支有孤竹城，故孤竹国也。"《括地志》云："孤竹土城，在卢龙县南十二里，殷时诸侯孤竹国也。"

这是一种说法。另一种说法出自清人吕调阳。他在《汉书·地理志详释》中说，今辽宁喀左"东北二十五里有元利州城，盖志所云孤竹城"；"南八里有故龙山城，盖即令支城也。"

第五章 统一的华夏文明的形成

据此，从喀左到迁安、卢龙，为孤竹、令支的活动地区，其云"龙城"可由出土的玉龙来证实。今北京地区古有北燕。据《史记·燕世家》：周初"封召公于北燕。"《集解》引宋衷曰："有南燕故云北燕。"另外，夏商时期的有易，在今易水流域，同夏家店下层文化也应有关系。

有趣的是，这种文化后来也并入了商文化。商末武王伐纣，孤竹君之二子伯夷、叔齐"叩马而谏"，加以阻止。武王胜利后，伯夷、叔齐"耻食周粟"，双双饿死于首阳山。故孟子云："伯夷圣之清者也"。太史公在《史记》中特作《伯夷列传》。有谁能说夏家店下层文化不是华夏文化的有机构成部分呢？

夏商文化均属华夏文化，但商文化的分布区域除东南外，远远大于夏文化。如两湖和江西都发现了商代文化，这种文化虽有地区特点，但同商朝的本土文化又有共性，应是商文化的一部分。或者说是商之分族迁到那里后和当地土著共同创造的一种商文化。西南地区的蜀文化亦然。

在西北地区，夏文化仅达华山周围，如华县、蓝田西北，其影响至多不超出今西安市辖境。但商文化却达到泾、渭流域，以西可接继齐家文化之后的寺洼文化和辛店文化。由此可知，《诗·商颂·殷武》所说："昔有成汤，自彼氐羌，莫敢不来享，莫敢不来王，曰商是常。"并非徒属歌功颂德之辞。

华夏文明的起源

华夏族是不断发展的，华夏文化也是不断发展的。我们不能用一成不变的观点看待华夏族和华夏文化。如果我们一定要问华夏文化是在何时形成的，可以说是形成于周代。其主要标志，就是周代的华夏文化才以炎黄文化的名义而出现的。因为，在周人的传说中，黄帝和炎帝是同父同母所生的两兄弟。即所谓"昔少典娶于有蟜氏，生黄帝、炎帝。黄帝以姬水成，炎帝以姜水成。成而异德，故黄帝为姬，炎帝为姜"。传说黄帝死后葬于蟜山，说明了周人的发祥地。蟜山在宋代以前均以为在今陕北之子长县，而非今日之黄陵县。后来，周人与羌人联盟，灭商而据有天下。所以，周文化也就是华夏文化，而华夏文化也就是炎黄文化了。

出版后记

中华文明源远流长。在漫长的历史岁月中，我们中华民族创造了辉煌灿烂的文化成就，践行着自己朴素而真诚的人生和社会理想，追寻着具有鲜明特色的伦理价值和审美境界，展示出丰富、生动、深邃的思想智慧。在很长一段时间内，中国文化在世界文明体系中居于领先地位，其影响力和感染力无比强大，从而在铸就中华民族独特灵魂的同时，也为人类文明的发展和进步作出了重要的贡献。

明清之际，由于复杂的原因，中国社会没有能够有效地完成转型，逐步走向封闭和衰落。鸦片战争的失败，更使中国面临数千年未有之变局，使中华民族沦入生死存亡的艰难境地。为了救国于危难，当时的仁人志士自觉不自觉地把目光投向西方，投向西学，并由此对中国传统文化进行了激烈的批判。从洋务运动、戊戌变法，一直到五四新文化运动，在近代中国救亡图存的历史语境中,传统文化的观念和形态,常常被贴上落后、愚昧的标签,乃至被指斥为近代中国衰落和灾难的祸根,就连汉字和中医这样与国人生命息息相关的文化形态,也受到牵连和敌视,被列入需要废除的清单。对本民族文化的这种决绝态度,在世界各民族的历史上都是罕见的,它既反映了我们中华民族创新发展的非凡勇气,也从一个重要侧面,印证了中华传统文化的顽强和深厚。

今天,历史已经走进21世纪,我们中华民族经过不懈的努力和奋斗,迎来了快速发展的良好机遇,国家强盛、民族复兴的曙光就在前方。在这样的时候,在这样的历史背景下,重温我们民族的辉煌、艰难历史,重新认知我们民族的优秀文化和高贵传统,不仅是一种自然的趋势,也是一项庄严的历史使命。理由很简单,我们中华民族要在全球化的背景下真正实现伟大复兴,必须具有足够的凝聚力和创造力,必须具有强烈的自尊心和自信心,而这一切,离不开对本民族优秀文化基因的认同和感念,离不开对优秀传统的继承和弘扬。从这个意义上说,中国传统文化是不绝的源泉,是清新而流动的活水。我们组织出版《中国文化经纬》系列丛书,正是为了汲取丰富的精神滋养,激发我们前行的力量。

本书系计划出版100卷,由著名的中国文化书院组织编

出版后记

写，内容涵盖中国传统文化的各个方面和层级，涉及文学、历史、艺术、科学、民俗等多个领域，力求用通俗易懂的语言，用较少的篇幅，使广大读者对中国历史文化有较为全面的认识，对中国精神和中国风格有较为深切的感受。丛书的作者均为国内知名专家，有的是学界泰斗，在国内外享有盛誉，他们的思想视野、学术底蕴和大家手笔，保证了丛书的学术品质和精神品格。

这是一套规模宏大、富有特色的中国传统文化读本，这是专家为同胞讲述的本民族的系列文明故事，我们期待您的关注和阅读，也等待您的支持和批评。

中国书籍出版社
2015 年 9 月

中国文化经纬·第一辑

从黄帝到崇祯：二十四史 / 徐梓 著
华夏文明的起源 / 田昌五 著
孔子和他的弟子们 / 高专诚 著
老子与道家 / 许抗生 著
墨子与墨学 / 孙中原 著
四书五经 / 张积 著
宋明理学 / 尹协理 著
唐风宋韵：中国古代诗歌 / 李庆 武蓉 著
易学今昔 / 余敦康 著
中国神话传说 / 叶名 著

中国文化经纬·第二辑

敦煌的历史与文化 / 宁可 郝春文 著
伏尔泰与孔子 / 孟华 著
利玛窦与徐光启 / 孙尚扬 著
神秘文化的启示：纬书与汉代文化 / 李中华 著
中国古代婚俗文化 / 向仍旦 著
中国书法艺术 / 陈玉龙 著
中国四大古典悲剧 / 周先慎 著
中国图书 / 肖东发 著
中国文房四宝 / 孙敦秀 著
中印文化交流史 / 季羡林 著